Vorwort

Wieder mal hat ein Kollege Geburtstag und Ihnen fällt einfach kein schöner Glückwunsch für die Gemeinschaftskarte ein? Oder ein langjähriger Geschäftskunde feiert seine goldene Hochzeit und ein netter, verbindlicher Brief von Ihnen wäre durchaus angemessen? Oder von Ihnen wird eine kurze Ansprache erwartet, zum Jubiläum eines Mitarbeiters, zum Geburtstag des Chefs, zur Hochzeit Ihres besten Freundes? Wie bringen sie die Anwesenden zum Schmunzeln, wie drücken Sie Dank, Anerkennung und Wertschätzung für den Glückwunschempfänger aus, ohne dass es gekünstelt oder banal wirkt? Denn Glückwünsche sollen ja von Herzen kommen – und Sie suchen nach einer Möglichkeit, sie trotzdem schnell und unkompliziert zu formulieren.

Dann sind Sie hier richtig: In diesem Buch finden Sie im Nu Ihren persönlichen Glückwunsch für private und berufliche Anlässe von der Geburt bis zur Pensionierung. Unsere Beispiele sind Bausteine, die Sie auf Karten, in E-Mails, in Briefen oder Ansprachen verwenden können. Geordnet nach Anlässen und Empfänger – Verwandte, Freunde, Kollegen, Chefs, Geschäftspartner, Kunden –, erleichtert Ihnen der TaschenGuide jede private und gesellschaftliche Verpflichtung. Darüber hinaus finden Sie zahlreiche Anregungen für individuell gestaltete Glückwunschschreiben. Viel Spaß beim Gratulieren wünscht Ihnen

Ihr Frank Rosenbauer

Zum Geburtstag

Jeder freut sich über eine Glückwunschkarte zum Geburtstag. Nur: Was schreibt man dem „Geburtstagskind"? Hier finden Sie einige Anregungen, die Sie auf eigene Ideen bringen.

Im folgenden Kapitel finden Sie Muster für

- kurze Glückwünsche an Eltern und Großeltern (S. 6), an die eigenen Kinder und an Geschwister (S. 9), Partner (S. 12) sowie Freunde und Bekannte (S. 14),
- Karten an Kollegen, Mitarbeiter und Vorgesetzte (S. 17) und
- etwas förmlichere Schreiben an Geschäftspartner oder Kunden (S. 21) sowie kurze Ansprachen bei einer Feier (S. 22).

Verwandten gratulieren

Je individueller, desto besser kommen Glückwünsche an. Dafür haben Sie einige Möglichkeiten. Spannen Sie am besten den Bogen von der Kindheit in die Gegenwart. Suchen Sie nach bemerkenswerten, positiven Eigenarten, besonders typischen Verhaltensweisen oder einem Ereignis aus der Vergangenheit und schildern Sie diese mit herzlichen Worten.

Eltern und Großeltern beglückwünschen

Auch wenn es zwischen Kindern und Eltern schon mal Krach und kritische Phasen gibt: Glückwünsche sollten nur Positives enthalten, wie Lob, Komplimente, die Schilderung schöner gemeinsamer Erlebnisse und Dank. Denken Sie bei erheblich älteren Verwandten daran: Nicht jeder, der es eigentlich sein könnte, ist auf sein Alter stolz. Unverfänglicher: Wünschen Sie lieber Gesundheit oder sagen Sie Dankeschön.

Glückwünsche für Karten, E-Mails und Sms

In der Kürze liegt die Würze! Glückwünsche in wenigen Zeilen können sehr liebevoll und persönlich wirken.

Beispiele: Reime, mit und ohne Blumengruß

■ Lieber Papa,
nach einem Glückwunsch ist mir sehr zumute.
Ich gratuliere herzlich: Alles Gute!
Aber ich wünsche dir mehr, ich wünsche dir nur das Beste – vor allem beste Gesundheit. Herzlichen Glückwunsch zum Geburtstag!

■ Liebe Mama,
Eine Rose für dich und dazu ein „Dankeschön",
du bist die Beste, die es gibt für mich.
Dein Sohn

■ Liebe Mama,
nimm die Blumen, die ich habe,
es ist meine liebe Gabe.
Und das Verslein, das ich schreibe –
mit ihm ich meinen Dank dir zeige!

Beispiele: Gesundheit und langes Leben

■ Liebe Omi, heute ist dein 80. Geburtstag und noch immer bist du fit. Damit das auch weiterhin so bleibt, gratuliere ich dir ganz herzlich zu deinem Geburtstag und wünsche dir vor allem gute Gesundheit – damit du spielend 100 wirst!

■ Lieber Opa, zu deinem Geburtstag wünsche ich dir von Herzen alles Liebe. Bleib so, wie du bist – und bleib uns vor allem noch sehr lange erhalten, denn in unserer Familie bist du der Fels in der Brandung!

Briefe und kurze Ansprachen

Die Schilderung eines gemeinsamen Erlebnisses oder einer Erinnerung bzw. ein Zitat steigern die Aufmerksamkeit zu Beginn eines Briefs oder einer Rede. Ein guter Einstieg schafft einen Spannungsbogen und macht die Zuhörer neugierig. Wer es kurz machen möchte, kann auf einen ausführlichen Mittelteil mit einer ganzen Reihe von Erinnerungen, Komplimenten und Anekdoten verzichten und direkt nach dem Einstieg recht schnell zum Schlusswort kommen – mit Pointe, Glückwunsch und Gruß.

Beispiele: Kindheitserinnerung

■ Liebe Mama, ich kann mich noch gut erinnern, wie ich in den Kindergarten in der Ahornstraße gekommen bin. Am ersten Tag brachten die Mütter ihre Sprösslinge bei strömendem Regen zum Kindergarten – und fast alle Kinder haben geheult. Ich leider auch. Dann gingen die Mütter und ließen ihre Kinder im Kindergarten. Alle Mütter waren weg – aber du warst noch da! ...

■ Lieber Opa Franz, ich kann mich noch gut daran erinnern, wie ich im Alter von sechs Jahren, als Mama arbeiten musste, immer Frühstück von dir bekommen habe. Heute noch erinnere ich mich besonders gern an die Nutella-Schnittchen! Du hast fein säuberlich die Brotrinde abgeschnitten und die Butterbrote dann für mich mundgerecht in kleine Portionen zerstückelt. Zur Krönung hast du das Ganze schließlich zum Rösten auf den Kachelofen gelegt!

...

Ich wünsche dir zum Geburtstag alles Gute, vor allem gute Gesundheit. Wenn du irgendwann doch mal jemanden brauchst, der dir Nutella-Schnittchen macht, dann bin ich immer für dich da!

Beispiel: Zitat zum Alter des Geburtstagskinds

■ Lieber Papi! Goethe hat einmal gesagt: „Das Alter ehr' ich, denn es hat für mich gelebt." Du hast immer für deine Fami-

lie gelebt und durch deinen enormen Fleiß hast du mir einen hervorragenden Start ins Leben ermöglicht.
.Auf jeden Fall wünsche ich dir an deinem 70. Geburtstag, dass du es nun endlich ein bisschen ruhiger angehen lässt. Also, pass gut auf dich auf, denn ich habe dich sehr lieb. Herzlichen Glückwunsch und alles Gute zum Geburtstag!

Kinder und Geschwister: Happy Birthday

Geschwistern muss man keine Romane schreiben – ein, zwei launige Sätze in einer witzig-ironischen Glückwunschkarte genügen in der Regel. Eltern schreiben an Kinder, wenn sie den Geburtstag nicht zusammen feiern können oder nicht mehr unter einem Dach leben. Ihr Brief wird persönlicher, je stärker Sie ermunternd und mit viel Anteilnahme und Bewunderung auf Ereignisse eingehen, die Ihr Kind oder Ihre Geschwister gerade beschäftigen, wie zum Beispiel:

- eine Herausforderung, die das Geburtstagskind gerade zu bestehen hat (Umzug, Prüfung, Jobwechsel)
- einen aktuellen Erfolg (Beförderung, Hausbau, Abschluss in Schule, Studium, Ausbildung usw.)
- eine aktuelle private Veränderung (Geburt eines Kindes oder Enkels, Heirat, Hochzeitsjubiläum usw.)

Glückwünsche für Karten, E-Mails und Sms

Die Anrede mit Namen ist die persönlichste. Aber manchmal kann auch ein „Brüderchen", eine „Lieblingsschwester" oder ein Spitzname Herzen öffnen. Auch Wortspiele bereiten viel

Freude. Ein guter Aufhänger sind immer Erfolge, Herausforderungen, Vorhaben oder besonders hervorragende Eigenschaften des Jubilars.

Beispiele: Erfolge und große Vorhaben

■ Heute ist der so lang ersehnte Tag endlich da: Du wirst 18 Jahre alt! Die Vorbereitungen hast du ja schon perfekt getroffen und bist rasant durch alle Prüfungen in Richtung Führerschein gebraust! Wir sind sicher, auch dein weiteres Leben wird ebenso erfolgreich verlaufen und falls du dich doch einmal verfahren solltest: Wir sind für dich da!
Herzlichen Glückwunsch zum Geburtstag und alles Gute! Wir haben dich sehr lieb. Deine Eltern

■ Nun hast auch du das Abi bestanden! Damit hast du dir selbst das schönste Geschenk zum Geburtstag gemacht. Ich finde, du hast ganz hervorragende Leistungen erbracht und ich bin wirklich stolz auf dich! Zu deinen bestandenen Prüfungen gratuliere ich dir ganz herzlich und wünsche dir einen ebenso erfolgreichen Weg durch das Medizinstudium, das du demnächst beginnen möchtest.
Dein Vater Michael

■ Lieber Lieblingsbruder! Endlich die 20 hinter dir – und eine Riesenchance in New York vor dir! Glückwunsch, Glückwunsch – und viel Glück!

■ Hallo Schwesterchen, die 30 zelebrieren und nebenher noch promovieren? Respekt und alles Gute, Frau Doktor in spe! Auf dich, kluges Geburtstagskind, trinke ich nun einen kräftigen Schluck mit Glückwunsch, Gruß und Händedruck!

Beispiele: Wortspiele und Zitate

- Lieber Sohn, als du etwa sieben Jahre alt warst, hatten wir an Weihnachten ja nie Plätzchen, denn egal, wo wir sie versteckten, du hast sie immer erschnuppert. Du hattest eine feinere Nase als unser Foxterrier Wotan! Heute wirst du 27, beweist deinen hervorragenden Riecher erfolgreich als Wertpapier-Spezialist – und hast nun mit deinem feinen Näschen auch eine wunderbare Schwiegertochter für uns aufgespürt! Wir sind sehr stolz auf dich und wünschen dir, dass du auch in den nächsten Jahren deinen guten Weg weitergehst. Ganz herzlichen Glückwunsch zum Geburtstag!

- Meine liebe Tochter, direkt nach deiner Geburt habe ich dich in meinen Armen gewiegt, und du hast deine Fingerchen fest zusammengedrückt. Du warst schon damals echt stark – nicht nur mit deinen kleinen Fäusten ...! Und jetzt bist du plötzlich 20. Nicht mehr mein kleines Mädchen, sondern eine starke und intelligente junge Frau, die auf ihren eigenen Beinen steht. Weiter so und herzlichen Glückwunsch zu deinem 20. Geburtstag, Maria!

- Daniel, ich kann mich gut erinnern, wie begeistert du früher mit deinen Matchbox-Autos gespielt und sie überall in der Wohnung geparkt hast, sodass selbst unsere Katze darüber fiel. Heute sind deine Autos etwas größer geworden und du parkst sie in richtigen Garagen, aber trotzdem wirst du in meinem Herzen immer mein kleiner Sohn sein, den ich über alles liebe! Ich gratuliere dir zu deinem 30. Geburtstag und wünsche dir noch sehr viel PS für dein weiteres Leben.

■ Eine kluge Frau hat einmal gesagt: „Es kommt nicht darauf an, wie *alt* man wird, sondern *wie* man alt wird." Auch du bist eine kluge Frau – deswegen: Werde auch weiterhin mit Spaß, Witz und Freude älter, wünscht dir von Herzen, deine Schwester Irmi.

Geburtstag des Ehepartners

Bei einer Geburtstagsrede für den Partner sollten Sie mehr tun, als nur das Lebensalter zu erwähnen und alles Gute zu wünschen. Doch wie fangen Sie am besten an? Und wenn Sie einmal in Fahrt sind: Wie hören Sie wieder auf?

Reden und Briefe

Beispiele: Gemeinsames Hobby

■ Seit 60 Jahren wandelst du nun schon auf Erden und mehr als die Hälfte deines Wegs bist du an meiner Seite gegangen, über Stock und Stein, durch Berg und Tal. Damit meine ich nicht nur unsere vielen schönen Wanderungen, in Südtirol, im Harz oder im vergangenen Jahr wieder im Burgenland, sondern vor allem unsere gemeinsame Wanderung durchs Leben.
Ich wünsche dir, dass du dir noch lange die Wanderstiefel schnüren kannst und schön gesund bleibst, damit ich noch lange an deiner Seite durchs Leben gehen darf, denn ich liebe dich, Deine ...

■ Nun haben wir gemeinsam viele 100 Kilometer und rasante 30 Jahre hinter uns gebracht. Wir sind wirklich allen davongefahren auf dem Radweg des Lebens und haben Steine,

Schlaglöcher und Wurzeln souverän umkurvt. Kein platter Reifen konnte uns beide jemals aufhalten und es ist mir auch vollkommen egal, wohin wir fahren, Hauptsache, wir sind zusammen!
In diesem Sinne kann ich nur sagen, ich hoffe, dass wir uns auch die nächsten 30 Jahre noch gemeinsam durch Wind und Wetter radeln, egal, was kommen mag, weil ich dich liebe! Dein ...

- Lieber ..., mit dir gemeinsam das Gesicht in den Wind halten und das Salz auf den Lippen schmecken – für mich kann es nichts Schöneres geben. Ich bin bereit, jede Klippe des Lebens mit dir zu umsegeln und jedem Sturm zu trotzen. Wohin uns der Wind auch führen mag, ich bleibe bei dir!
Ich möchte auch in den nächsten Jahren dein Skipper sein, mein Kapitän, denn ich will nur unter deiner Flagge segeln! Herzlichen Glückwunsch, mein fliegender Holländer! Deine Leichtmatrosin ...

Freunde und Bekannte wünschen Glück

Oft genügt hier ein kecker Spruch. Es kommt auch gut an, wenn Sie auf eine besondere Leidenschaft des Geburtstagskinds anspielen, eine Sportart oder die Begeisterung für ein Hobby.

Glückwünsche für Karten, E-Mails und Sms

Beispiele: Mit Witz

■ Na, du Früchtchen! Du wirst immer reifer und reifer – und plumps, bist du Fallobst. Na ja, das kann ja auch noch ganz lecker sein. Herzlichen Glückwunsch zum Geburtstag, Süßer!

■ Liebes Lottchen, weißt ja, siehst halb so jung aus wie du wirst und wirst die jüngste Oma der ganzen Welt! Glückwunsch hoch zwei, sagt dir herzlich dein ...

■ Eigentlich ist es ja Brauch, Kerzen in der Zahl der Geburtsjahre auf die Torte zu stellen ... So einen großen Kuchen konnten wir auf die Schnelle nicht auftreiben. Aber keine Sorgen, für deinen 100. Geburtstag haben wir schon einen vorbestellt. Bitte bleib uns so lange in alter Frische erhalten! Deine Mädels

■ Weißt du noch, als wir beide 20 waren? Wir waren unwiderstehlich! Und was sind wir heute? Älter? Auf keinen Fall, denn Männer werden ja gar nicht älter, sondern besser. Und deshalb, lass es krachen, mein Freund! Alles Gute zum Geburtstag! Dein Kumpel ...

■ Na, freust du dich über unser Geschenk, Andreas? Aber selbst mit den rasantesten Inline-Skates kannst du dem Alter nicht davonfahren, denn es ist einfach zu schnell. Bleib trotzdem rasant und sportlich, wie eh und je. Mit den besten Glückwünschen zum Dreißigsten, deine ....

Reden oder Briefe

Beispiel: Einstieg über das gemeinsame Hobby

■ Du bist zwar mit nun 50 noch kein alter Mann, jedenfalls noch nicht ganz, aber du gehörst ja zu den „Alten Herren". In deinem Alter spielst du immer noch Fußball! Respekt. Die meisten Tore beim Fußball fallen rein statistisch gesehen in der 90. Spielminute. Und jeder weiß, lieber Gustav: Ein Spiel dauert keine 50 Minuten, sondern 90. Und meistens ist da auch noch 'ne Verlängerung drin!
Genau das will ich dir sagen: Bei 50 ist gerade mal Halbzeit – du kannst noch lange weiterspielen! Und 'ne Verlängerung kriegst du auch noch hin! 50 ist noch gar nichts und die meisten Tore fallen sowieso später. Ich wünsche dir noch viele Siegtreffer in deinem Leben – und das du weiterhin so ein toller und witziger Mensch bleibst! Herzlichen Glückwunsch zum Geburtstag und Anpfiff für die zweite Halbzeit!

Beispiel: Einstieg über die Gesundheit / Zitat

■ Liv Ullman, die berühmte Schauspielerin, hat einmal gesagt: „Mit meinem Geburtsdatum vertrage ich mich ausgezeichnet. Wenn man lange leben will, muss man eben älter werden. Das ist doch ganz selbstverständlich."

Ich kann mich noch gut an meinen 30. Geburtstag erinnern. Da habe ich mich mit meinem Geburtsdatum gar nicht mehr vertragen. Ich musste erst mal damit klarkommen, dass ich, wie es damals hieß, kein „Twen" mehr bin! Aber auch als „Thirty-Something", wie es ja heute heißt, habe ich mich schnell wohl gefühlt. Eigentlich war überhaupt kein Unterschied zu spüren. Hauptsache du bleibst gesund!
Genau das wünsche ich dir, liebe Johanna: Bleib immer gesund, fröhlich, frisch und munter. Feire schön und sei recht heiter. Vergiss nie: Die Welt, sie dreht sich weiter!

Für Kollegen, Mitarbeiter, Chefs und Geschäftspartner

Zwischen förmlich und witzig-frech bewegt sich das weite Feld dieser Glückwünsche. Natürlich dem Vertrautheitsgrad angepasst: Bei Geschäftspartnern und -kunden darf es ruhig etwas förmlicher sein.

Glückwünsche für Kollegen und Vorgesetzte

Vom Kollegenkreis unterschriebene Glückwunschkarten sind in vielen Unternehmen üblich. Dabei ist ein Stil gefragt, der nicht förmlich wirkt und bürokratische Wendungen vermeidet. Je nach Kollegenkreis dürfen die Glückwünsche auch lustig oder etwas frech sein – im Folgenden einige Anregungen dazu.

Beispiele: Kurze, witzige Sprüche für Karten

- Wir freuen uns, dass du wenigstens einmal im Jahr pünktlich im Büro erscheinst, nämlich um deine Geschenke abzuholen! Mit den besten Glückwünschen zum 40. Geburtstag, deine Kollegen

- Tagein, tagaus schuften wir hier, da hast du dir auch mal einen Moment der Erholung verdient. Wir sehen uns morgen in alter Frische oder mit frischem Kater! Herzlichen Glückwunsch! Deine ...

- Natürlich wissen wir, wie sehr du Faxgerät, Telefone und Kopierer liebst, aber heute musst du dich mal zur Abwechslung mit Torte, Geschenken und Geburtstagsliedern zufrieden geben! Wir hoffen, du überlebst das. Mit den besten Glückwünschen, deine Mädels

- Auch ein Workaholic braucht mal Pause, also lass dich von deiner Familie und deinen Freunden verwöhnen und genieße den Tag! Hoffentlich bekommst du keine Bleistifte oder Lineale geschenkt! Happy Birthday to you, deine Kollegen!

- Alles Liebe zum Geburtstag, lieber Martin, wünscht dir dein Team. Ein Ständchen werden wir dir jetzt nicht bringen, denn du hast ja sonst schon genug um die Ohren!

- Und schon wieder ein Jahr älter ... Tröste dich, das macht nichts, so alt wie unser Laden bist du ja noch lange nicht! Mit den besten Glückwünschen, deine ...!

Glückwünsche auf Karten

Beispiele: Förmlichere Glückwünsche im Namen der Belegschaft

■ Zu Ihrem Geburtstag wünsche ich Ihnen alles erdenklich Gute! Mögen Ihnen die nächsten 40 Jahre viel Glück, Gesundheit und Erfolg bringen! Ihr Kollege

■ Goethe hat einmal geschrieben: „Das Alter ehr' ich, denn es hat für mich gelebt." Wir – Ihre Kollegen – ehren Sie, denn Sie leben für unsere Firma. Und das soll auch noch lange so bleiben, denn was wären wir ohne Sie? Alles Gute zum Geburtstag, Ihre Kollegen

■ Wir, die gesamte Belegschaft, gratulieren Ihnen recht herzlich zum Geburtstag und sagen Danke dafür, dass Sie ein toller Teil unseres Teams sind!

■ Das Alter wird ja oft mit Weisheit gleichgesetzt. An Ihrer Kompetenz und Ihren Fähigkeiten kann sich jeder unserer Kollegen noch ein Beispiel nehmen! Herzliche Glückwünsche zu Ihrem 60. Geburtstag!

Kurze Ansprachen

Überlegen Sie, welche Leistung, Fertigkeit oder Eigenschaft des Kollegen bemerkenswert ist, die zunächst nicht direkt etwas mit der Arbeit zu tun hat. Dann kommen Sie bestimmt auf einen persönlichen und originellen Einstieg.

Beispiele: Erinnerungen und besonderes Engagement

■ Sehr verehrter Herr Kollege – lieber Herr Müller!
Ich habe noch gut vor Augen, wie wir uns zum ersten Mal trafen: Das war 1984, hier in Berlin. Ich bemerkte schon damals: Sie sind ein äußerst intelligenter, strebsamer und fachkundiger Mann! Ich bin froh, dass wir Sie in unsere Mannschaft holen konnten und dass Sie uns treu geblieben sind!
Und das ist beileibe keine Selbstverständlichkeit. Denn, lieber Herr Müller: Sie müssen seit vielen Jahren jedes Wochenende 300 Kilometer mit dem Auto fahren, zu Ihrer Familie nach Hamburg – und dann wieder 300 Kilometer zurück zu uns. Ich habe das mal hochgerechnet, liebe Kollegen, es sind insgesamt rund 160.000 Kilometer! Das entspricht dem vierfachen Erdumfang! Das heißt, lieber Herr Müller: Sie sind viermal um die Welt gefahren, um immer wieder zurück zu uns nach Berlin zu kommen!
Wir alle hier wünschen Ihnen zum Geburtstag aller Guten, vor allem guten Gesundheit – und ich wünsche unserem Unternehmen, dass Sie uns noch lange erhalten bleiben, lieber Herr Müller! Wobei ich denke, dass wir darauf auch mal anstoßen können! Wir rufen nun aus, mit den Worten des großen Berliner Apothekers Theodor Fontane: „Kummer, sei lahm! Sorge, sei blind! Es lebe das Geburtstagskind!" Auf Ihr Wohl – Prost!

■ Geschätzter Kollege Baum, erinnern Sie sich? Unser erstes Zusammentreffen war schrecklich schmerzhaft! Denn wir beide sind zusammengestoßen und sie hätten beinahe ihr 3-D-Modell fallen lassen. Zum Glück konnten wir es ja gerade

noch auffangen. Zwar hatten wir auch in den folgenden Jahren hin und wieder einige berufliche Zusammenstöße, jedoch immer nur zum Besten der Kunden. Ich muss sagen, Sie sind einer der fähigsten Architekten, den ich kenne.
Ich danke Ihnen für 20 Jahre erfolgreiche Zusammenarbeit und hoffe, dass Sie noch lange in unserer Firma bleiben, denn Sie sind der beste Kollege, den man sich wünschen kann (nicht nur, weil Sie mich immer decken, wenn ich ausnahmsweise mal wieder zu spät komme). Ich wünsche Ihnen für die Zukunft alles erdenklich Gute, Gesundheit und Glück. Und mögen Ihnen Ihre Geistesblitze niemals ausgehen!

■ Sehr geehrter Herr Mayer, ein französischer Publizist namens Jean-Louis Servan-Schreiber hat einmal gesagt: „Ein Deutscher verspürt fast schon ein Bedürfnis, sich entschuldigen zu müssen dafür, dass er Chef ist." Bei Ihnen sehe ich dazu überhaupt keine Veranlassung, denn Sie sind eine erstklassige Führungspersönlichkeit. Und was am Wichtigsten ist: Sie haben niemals vergessen, Mensch zu bleiben!

Glückwünsche für Geschäftspartner

Vor allem Glückwünsche bei Kunden und guten Geschäftsfreunde sollten Sie versuchen, mit originellen Ideen aus der Masse der Glückwunschschreiben hervorzustechen. Die Mühe lohnt sich! Recht leicht gelingt ein besonderer Einstieg mit Zitaten oder Wortspielen.

Glückwünsche für Karten und kurze Briefe

Beispiele: Altersbezug mit Ausblick in die Zukunft

- „Welche Freude, wenn es heißt: Alter, du bist alt an Haaren, blühend aber ist dein Geist!" Dieses Wort von Lessing möchte ich Ihnen mit auf den Weg geben – verbunden mit der Hoffnung, dass Ihr blühender Geist uns noch viele gemeinsame Erfolge beschert. Herzlichen Glückwunsch zum Geburtstag.

- Heute können Sie auf 50 erfüllte Lebensjahre zurückschauen, geprägt durch private und berufliche Erfolge sowie wertvolle Erfahrungen, die immer in Ihrer Erinnerung bleiben werden. Möge Ihre Zukunft aus dem guten Vergangenen schöpfen! Mit den besten Glückwünschen, Ihre ...

- Schon in der Bibel steht geschrieben: Der Mensch lebt nicht vom Brot allein. Ich danke Ihnen, dass Sie mir seit so vielen Jahren mit Ihren Aufträgen das tägliche Brot zum Überleben geben. Doch das allein ist nicht der Grund, warum ich mich immer über Ihre Anrufe freue: Ihr goldener Humor und Ihre witzigen Sprüche sind einfach ansteckend und motivierend! Bewahren Sie sich Ihre lustige Art! Mit den herzlichsten Glückwünschen zum 50. Geburtstag, ...

Kurze Ansprachen zum Geburtstag

- Man sagt ja, Erfolg, sei die Kunst, Fehler zu machen, die keiner bemerkt. Sie, lieber Herr Wagner, sind ein wahrer Künstler, denn Fehler sind für Sie ein Fremdwort. So bin ich sicher, dass Sie auch tatsächlich Ihren 40. Geburtstag feiern, obwohl Sie locker für Mitte 20 durchgehen! Unsere angenehme und spannende Zusammenarbeit hält auch mich jung. Dafür danke ich Ihnen und wünsche Ihnen alles Gute für Ihre nächsten Jahre!

■ Sehr verehrte, liebe Frau Krämer! Selbst heute, an ihrem 50. Geburtstag, habe ich Sie noch arbeiten sehen! Von Ihrem Fleiß und Ihrem Einsatz kann sich so mancher eine Scheibe abschneiden. Was ich jetzt von Ihnen verlange, liebe Frau Krämer: Bitte halten Sie sich fit und gesund, damit Sie uns noch lange erhalten bleiben. Kümmern Sie sich mit all Ihrem Fleiß auch um Ihre Gesundheit – Sie mögen noch lange leben! Danke für alles – und alles Gute für Sie! Herzlichen Glückwunsch zum Geburtstag!

Zitate und Reime

Zitate kommen gut an, wenn sie charmant und humorvoll sind Manche Zitate regen auch zum Nachdenken an.

Zitate für jedes Lebensalter

„Als Mark Twain Redakteur und für die Sorgenspalte zuständig war, klagte eine 17jährige, sie verstehe sich mit ihrem Vater nicht; er sei rückständig und ohne Sinn für das Moderne. Mark Twain antwortete: „Ich kann Sie gut verstehen. Als ich 17 Jahre alt war, zeigte mein Vater ebenfalls keinerlei Bildung. Haben Sie Geduld mit alten Leuten! Zehn Jahre später, konnte ich mich schon vernünftig mit ihm unterhalten. Heute bin ich 37 und ich kann ihn fragen, wenn ich keinen Rat mehr weiß. Es ist verblüffend, was der alte Herr dazugelernt hat."
Mark Twain (1835-1910), alias Samuel Langhorne Clemens, amerikanischer Schriftsteller

„Jedes Alter kann einen guten Gebrauch vom Leben machen, aber man kennt die Möglichkeiten nur, wenn man dieses Alter durchlebt hat."
Sully Prudhomme (1839–1907), französischer Dichter, erster Nobelpreisträger für Literatur (1901)

„Mit meinem Geburtsdatum vertrage ich mich ausgezeichnet. Wenn man lange leben will, muss man eben älter werden – das ist doch ganz selbstverständlich."
Liv Ullman, geb. 1938, norwegische Schauspielerin

„Alles, was Spaß macht, hält jung."
Curd Jürgens (1915–1982), österreichischer Schauspieler

„Owe war sint verswunden alliu mîniu jâr!/ ist mri mîn leben getroumet, oder ist ez wâr?"
„O weh, wohin entschwanden alle meine Jahre! War mein Leben ein Traum, oder ist es Wirklichkeit?
Acht Jahrhunderte alter Satz von Walther von der Vogelweide, bedeutender, deutschsprachiger Lyriker des Mittelalters.

„Du merkst, dass du älter wirst, wenn die Geburtstagskerzen mehr kosten als der Kuchen."
Bob Hope (1903 – 2003), amerikanischer Komiker britischer Herkunft. Wurde 100 Jahre alt.

„Es kommt nicht darauf an, wie alt man wird, sondern wie man alt wird."
*Prof. Ursula Lehr (*1930) renommierte Altersforscherin und Bundesministerin a. D.*

„Aufs Geburtstagskind trink ich nun einen kräftigen Schluck, und darin eingeschlossen sind: Glückwunsch, Gruß und Händedruck."
Unbekannt

Zitate für hohe Geburtstage

„Manchmal erschrecke ich, wie jung ich noch bin. Alter. Was ist Alter? Ist nicht jedes Alter ein Geschenk?"
Ida Ehre (1900–1989) Schauspielerin und Ehrenbürgerin Hamburgs. Wurde 89 Jahre alt.

„Das Alter ehr' ich, denn es hat für mich gelebt."
Johann Wolfgang von Goethe (1749–1832). Vollendete mit 80 Jahren noch sein größtes Werk, den Faust.

„Das Alter hat zwei große Vorteile: Die Zähne tun nicht mehr weh und man hört nicht mehr all das dumme Zeug, das ringsum gesagt wird."
George Bernard Shaw (1856–1950), Literaturnobelpreisträger. Der irische Dramatiker wurde 94 Jahre alt.

„Kraft und Wohlgestalt sind Vorzüge der Jugend, der des Alters aber ist Blüte der Besonnenheit."
Demokrit (ca. 460–360 v. Chr.), griechischer Naturphilosoph

„Welche Freude, wenn es heißt: Alter, du bist alt an Haaren, blühend aber ist dein Geist."
Gotthold Ephraim Lessing (1729–1781), deutscher Dichter

„Besser ist's, man hat in der Jugend zu kämpfen als im Alter."
Gottfried Keller (1819–1890), Schweizer Schriftsteller

Ein betagter ungarischer Baron, nach seinem Alter befragt: „Weiß nicht genau. Zähl meine Pferde, meine Stiefel, mein Geld. Wozu soll ich zählen meine Jahre? Stiehlt mir niemand." *Unbekannt*

Zitate mit Charme

„Alter schützt vor Liebe nicht, aber Liebe schützt manchmal vor Alter."
Gabrielle Bonheur „Coco" Chanel (1883–1971), französische Modeschöpferin

„Raten Sie, wie alt ich bin!" verlangte eine Dame. Der Gefragte zögerte. „Das ist schwer. Beurteile ich Sie nach Ihrer Schönheit, so mache ich Sie um zehn Jahre jünger, und halte ich mich an Ihre Klugheit, zehn Jahre zu alt."
Unbekannt

Reime

Lebe! Liebe! Lache! Auf diese Weise mache
dein neues Jahr zu einem Fest,
das dich dein Leben feiern lässt.
Es soll das neue Lebensjahr
noch besser sein wie' s alte war.

Ich wünsche dir zum Wiegenfeste
von ganzem Herzen alles Beste
und außerdem – das ist ganz klar:
Ein schönes neues Lebensjahr!

Bleibe fröhlich, frisch
und munter wie ein Fisch –
feire schön und sei recht heiter
und vergesse nie: die Welt, sie dreht sich weiter.

Leider trifft mein Gruß verspätet ein.
So soll er umso mehr von Herzen sein:
Möge, was Verstand und Herz auch plant,
noch viel schöner glücken als geahnt!

Weihnachten und Neujahr

Die persönliche Weihnachtspost ist eine wunderschöne Tradition – und bei Geschäftspartnern und wichtigen Kunden ein Muss. Hier gilt: Formulieren Sie Ihre guten Wünsche zu Weihnachten und zum neuen Jahr mit viel Gefühl und Optimismus.

Im folgenden Kapitel finden Sie Muster für

- Grüße an Verwandte, Freunde und Bekannte (S. 28),
- an Kollegen und Geschäftspartner (S. 30),
- kurze Ansprachen auf Weihnachtsfeiern und Neujahrsempfängen (S. 33).

Gute Wünsche an Verwandte, Freunde und Bekannte

Die Weihnachtszeit ist eine Zeit der besonders herzlichen Glückwunsche. Gefühlvolle Wörter wie „Liebe", „von Herzen", „innig", „besinnlich", „herzlich" dürfen im Glückwunschtext nicht fehlen. Neujahrsgrüße sollten Sie weniger emotional färben und stattdessen locker und optimistisch ins neue Jahr schauen.

Kurze Weihnachts- und Silvestergrüße

Beispiele: Feierlich

■ Wenn der Schnee draußen leise rieselt und die Kerzen am festlich geschmückten Baum leuchten, dann wissen wir: Die schönste Zeit des Jahres ist wieder da. Genießt diese wundervollen Augenblicke mit all euren Lieben! Wir wünschen euch ein frohes Fest, eure Familie Gerber!

■ Als kleiner Junge wurde ich immer fröhlicher, je mehr Kerzen am Adventskranz brannten. Denn ich wusste: Mit jeder brennenden Kerze rückt der Heilige Abend näher. Wie schön ist es doch heute für uns, wenn unsere kleinen Kinder große Augen machen, wenn sie vor dem Christbaum stehen! Viele schöne Festtage im Kreis der Familie und eine besinnliche und erholsame Zeit, wünscht euch ...

Beispiele: Humorvoll

■ Es weihnachtet sehr! Wenn es jetzt bald draußen friert und schneit, leg zu Hause die Füße hoch, betrachte deinen hoffentlich nicht brennenden Weihnachtsbaum und genieß die besinnliche Zeit der gemütlichen Wärme (auch wenn's nur die Zentralheizung statt eines Kamins ist)! Fröhliche Weihnachten und einen sturzfreien Start ins neue Jahr wünschen dir ...

- Ich wünsche euch schöne Festtage, ein wenig Abstand vom Alltagsstress und einen gelungenen Braten. Rutscht gut ins neue Jahr! Hals und Beinbruch für ein tolles neues Jahr! Mit den herzlichsten guten Wünschen, euer ...

- Jetzt kommt wieder die schlimmste Zeit des Jahres! Versuchungen überall, egal, wohin man schaut. Dicke Lebkuchen, Berge von Schokolade, zentnerschwere Festtagsbraten ... Doch vergiss einfach mal für einen Moment deine Diät und genieß die Feiertage in aller Ruhe! Gönn dir was, denn du hast es verdient. Ich wünsche dir ein frohes Fest, dein ...

Beispiele: Gute Vorsätze und Herausforderungen

- Wie heißt es so schön: Es gibt bereits alle guten Vorsätze, wir brauchen sie nur noch zu verwirklichen. Ich wünsche uns beiden, dass wir uns endlich wieder öfter sehen. Schöne Feiertage und alles Gute fürs neue Jahr wünscht dir, ...

- Ich wünsche dir, dass das neue Jahr dein bestes Jahr aller Zeiten wird! Du hast einige Herausforderungen zu bestehen, und dafür wünsche ich dir von Herzen viel Glück!

- Weniger rauchen, mehr Sport treiben, abnehmen ... was es da nicht alles gibt! Aber, meine Liebe, du brauchst das alles gar nicht. Denn du bist auch mit deinen liebenswerten Lastern meine allerbeste Freundin! Ein frohes neues Jahr!

■ Ich weiß zwar nicht, was genau du dir fürs neue Jahr vorgenommen hast, aber ein guter Vorsatz wäre vielleicht, einen guten Vorsatz auch mal einzuhalten. Wenn du das schaffst, sag mir bitte, wie das geht! Mit den besten Wünschen für das neue Jahr, dein ...

Grüße an Kollegen und Geschäftspartner

Hier ist wichtig: Nicht zu forsch oder kühl formulieren. Auch in geschäftlichen Briefen dürfen an Weihnachten Wörter wie „besinnlich", „herzlich" oder „friedlich" nicht fehlen. Bei Wünschen für das neue Jahr können Sie auf eine weiterhin erfolgreiche Zukunft hinweisen, die Ihr Geschäftspartner, Mitarbeiter, Kunde oder Kollege mit Ihnen gemeinsam haben möge.

Kurze Weihnachts- und Silvestergrüße

„Frohe Weihnachten und ein gutes neues Jahr" genügen, doch es wirkt herzlicher und persönlicher, noch ein paar Zeilen mehr zu schreiben.

Vertraute Adressaten

■ Nun haben wir endlich die Gelegenheit, uns etwas zu erholen. Deshalb wünsche ich dir ganz herzlich ein paar stressfreie, friedliche Weihnachtstage und einen guten Start ins neue Jahr! Herzlichst, ...

- Weihnachten ist die Zeit, wo man zur Ruhe kommen und sich auf das besinnen soll, was am Wichtigsten ist. Daher wünsche ich dir aus tiefstem Herzen: festlich-fröhlich-friedliche Weihnachten mit allen deinen Lieben!

- Endlich mal ein wenig Ruhe vom täglichen Alltagsstress! Leg die Füße hoch und lass dich mal zur Abwechslung bedienen. Beste Wünsche für das Weihnachtsfest und einen guten Rutsch! Dein Lauftreff-Mitläufer Matthias

Etwas förmlicher

- Ganz besonders wünsche ich Ihnen für die kommenden Feiertage wohlverdiente Erholung und eine festliche Zeit im Familienkreis! Mögen Sie im kommenden Jahr beruflich und privat erfolgreich sein und möge alles in Erfüllung gehen, das auf Ihrem Wunschzettel steht. Weihnachtliche Grüße, Ihr ...

- Lange haben wir überlegt, was man Ihnen zu Weihnachten und für das kommende Jahr wünschen kann, denn Sie haben ja schon alles: Jede Menge Erfolg, eine unerschütterliche Gesundheit und märchenhaftes Glück! Also wünschen wir Ihnen einfach ein paar ruhige Tage im Kreise der Familie und einen guten Rutsch ins neue Jahr. Ihre Mitarbeiter

- Nach all den hervorragenden Leistungen in diesem Jahr wünschen wir Ihnen nun im Namen der gesamten Belegschaft möglichst wenig Stress in den kommenden Wochen, aber trotzdem tolle Umsätze – und einen fulminanten Start ins neue Jahr! Braun & Köhler

Grüße mit Rückblick, Dank für die Zusammenarbeit und Ausblick

■ Sehr geehrter Herr Müller, wir danken Ihnen für die angenehme Zusammenarbeit in diesem Jahr und hoffen, Sie auch im kommenden Jahr wieder als starken Partner in unserem Hause begrüßen zu dürfen. Mit den besten Wünschen für ein gelungenes Weihnachtsfest und einen guten Start ins neue Jahr verbleiben wir ...

■ Geschätzte Frau Korn, wir wünschen Ihnen ein frohes Weihnachtsfest und einen guten Start ins neue Jahr. Möge es Ihnen ebenso viel Erfolg bringen wie das Vergangene! Wir danken Ihnen für die gewinnbringende Zusammenarbeit und hoffen, dass uns der gemeinsame Erfolg auch im nächsten Jahr beschieden sein wird. Mit freundlichen Grüßen ...

■ Heitere, besinnliche und sinnliche Stunden im Kreise Ihrer Lieben wünschen wir Ihnen an Weihnachten – und ein wunderschönes 2008! Wir freuen uns auf eine weiterhin erfolgreiche Zusammenarbeit im kommenden Jahr. Mit besten Festtagsgrüßen ...

■ Sehr geehrter Herr Dohmen, wir wünschen Ihnen ein frohes Fest! Gern werden wir auch im nächsten Jahr unsere fachliche Kompetenz und unsere Leistungen Ihren Wünschen gemäß einsetzen und freuen uns auf eine weitere angenehme Zusammenarbeit. Frohe Weihnachten und einen guten Rutsch!

Kurze Ansprachen

Ein Dankeschön an die Mitarbeiter und ein paar Worte zum festlichen Anlass wecken Emotionen. Ob das Geschäftsjahr gut oder schlecht war, zu Weihnachten zählen Gefühle mehr als Fakten: Thematisieren Sie sinnliche Eindrücke, die zu den schönen Seiten des Weihnachtsfests gehören. Loben Sie positive Entwicklungen in einem kurzen Jahresrückblick. Optimismus macht für gute Vorsätze zum neuen Jahr bereit.

Weihnachtsfeier

■ Sehr verehrte Damen! Sehr geehrte Herren! Liebe Kollegen – liebe Ehemaligen – liebe Gäste! Ich begrüße Sie und Euch ganz herzlich zu unserer Weihnachtsfeier! Herzlich willkommen! Wir haben ein insgesamt erfolgreiches Jahr erlebt, das jetzt zu Ende geht, aber ich denke, der Erfolg wird bestehen bleiben! Liebe Kollegen, jeder einzelne von Ihnen hat dazu beigetragen, dass wir jetzt glücklich und zufrieden auf unser altes Geschäftsjahr blicken dürfen und zuversichtlich aufs nächste! Dafür, für diesen Erfolg aufgrund Ihrer hervorragenden Arbeit, danke ich jedem von Ihnen!
Unsere Weihnachtsfeier gibt uns aber auch Gelegenheit, den Geschäftszahlen und der Alltagshektik für ein paar schöne Stunden zu entrinnen. Ich meine, wenn wir ehrlich sind, dann sehnen wir uns doch danach, wie in Kindertagen den Zauber der Weihnachtszeit zu erleben: Wie wir gespannt und hoffnungsfroh auf die Bescherung warteten ...

... Selbst die „stillsten Tage des Jahres" haben sich schon lange in ein lärmendes Weihnachtsgeschäft und Tage voller

Termine zwischen den Jahren verwandelt. Dem können wir uns kaum entziehen. Jedes Jahr nehmen wir uns neu vor, dass wir uns am nächsten Weihnachten nicht von diesem Trubel beeindrucken lassen. Aber jedes Jahr stellen wir wieder fest: Die ersehnte Ruhe und Besinnlichkeit fehlt. Auch in unserer Firma geht das Geschäftsleben bis zum letzten Tag vor Weihnachten seinen notwendigen Gang. Wie könnten wir auch im Büro, im Außendienst oder an der Werkbank beim flackernden Schein einer Kerze arbeiten und die Adventsstimmung genießen?
Deswegen, liebe Kollegen, genießen Sie das Miteinander und die guten alten Traditionen in der Familie. Und genießen Sie die gute Stimmung hier bei unserer Weihnachtsfeier. In diesem Sinne wünsche ich Ihnen und Ihren Familien ein frohes, glückliches und gesegnetes Weihnachtsfest!

Neujahrsempfang

■ Sehr verehrte Damen, sehr geehrte Herren – liebe Gäste! Vielleicht haben Sie schon einmal von dieser interessanten Neujahrstradition gehört, die in früheren Zeiten bei uns praktiziert wurde. Unsere Vorfahren machten morgens in aller Herrgottsfrühe die Tür auf, zogen sich einen Schuh aus – und warfen ihn zur Tür hinaus. Dann schauten sie sich den Schuh an, um in die Zukunft zu schauen. Zeigte der Schuh mit der Spitze zur Tür, also ins Haus herein, so konnte man bleiben – zeigte er aber vom Haus weg, so musste man fort. Also, liebe Gäste, auch wir wollen heute gemeinsam in die Zukunft schauen, aber ich versichere Ihnen: Sie müssen nicht mit Ihren Schuhen werfen – eins ist schon klar: Sie können auf jeden Fall hier bleiben! Ich bin sehr froh, dass Sie gekommen sind – und heiße Sie von Herzen willkommen bei unserem Neujahrsempfang!

■ Verehrte Gäste, der Schriftsteller und Aphoristiker Gabriel Laub hat einmal gesagt – ich zitiere: „Das Neujahr und seine Feier ist so was wie eine Theaterpause – man geht ans Buffet auf ein Gläschen und kommt auf seinen Platz zurück. Die Optimisten hoffen dabei, dass der nächste Akt besser sein wird als die vorigen." Nun, ich denke, der letzte Akt, das letzte Jahr, war gar nicht so schlecht und Optimisten wollen wir alle sein: Freuen wir uns also auf das neue Jahr! Und dafür gibt es heute leckeren Sekt, feines Essen, exzellente Gespräche – und sehr gute Gäste.
Aber apropos Sekt, liebe Gäste: Lassen Sie uns nun endlich unsere Gläser erheben! Ich wünsche uns allen jetzt einen inspirierenden Gedankenaustausch, und ich wünsche Ihnen und Ihren Familien ein gesundes, glückliches und erfolgreiches neues Jahr – danke, dass Sie gekommen sind – und nun stoßen wir an – auf den nächsten Akt, auf das neue Jahr! Prosit!

Zitate, Geschichten und Reime

Zitate und Reime steigern an Weihnachten die festliche Stimmung und regen zum Nachdenken an.

Zitate mit Bezug zur Kindheit

„Meine Großmutter hat mir so lange eingeredet, das Christkind sei ein Engel mit langem weißen Haar, bis ich mir ganz sicher war, dass es einmal an meinem Fenster vorbei geflogen ist."
*Rainhard Fendrich (*1955), österreichischer Liedermacher*

„Wie leide ich vor Sehnsucht! Wäre es doch Weihnachten."
Hans Christian Andersen (1805–1875), dänischer Dichter

Zitate zum Thema Frieden und Nächstenliebe

„Mein sehnlichster Weihnachtswunsch: Kain und Abel würden einen Nichtangriffspakt schließen und alle Menschen wären Brüder."
Marianne Sägebrecht, geboren 1945, deutsche Schauspielerin und Kabarettistin

Wenn die Weihnachtsglocken läuten, wird selbst der Teufel milde.
Sprichwort aus Tirol

„Ein Fest naht, ein Fest wie kein anderes, für alle, die guten Willens sind. Ein Fest, dessen Geist die Welt umspannt und

über Berge und Täler die Botschaft verkündet: Christ ist geboren."
Joachim Ringelnatz (1883–1934), deutscher Lyriker und Maler

„Was wir an Weihnachten feiern, ist alles andere als eine Idylle. Die Krippe, die wir längst in unsere warmen Stuben geholt haben, stand bekanntlich im Stall. Niemand war da, der der schwangeren Frau und dem jungen Mann aus Nazareth in Galiläa menschenwürdige Bleibe zu geben bereit war. Kaum war das Kind zur Welt gekommen, musste die junge Familie fliehen, weil Herodes, der machtbesessene Herrscher, dem Kind Jesus nach dem Leben trachtete. Flüchtlinge waren sie, politisch Verfolgte, Asylsuchende."
*Kardinal Walter Kasper (*1933), deutscher Bischof von Rottenburg-Stuttgart, Präsident des Päpstlichen Rates zur Förderung der Einheit der Christen*

Weihnachtsgeschichte

Der Schriftsteller Truman Capote erinnert sich in einer hübschen Weihnachtsgeschichte an seine Kindheit:
Als Scheidungswaise wächst der Junge in Alabama auf, in einem großen Haus auf dem Land. Mit Tanten und Onkeln, Vettern und Cousinen. Besonders lieb ist ihm eine ältere, weißhaarige Cousine, der ruhende Pol in seinem aufregenden Jungenleben: Fräulein Sook. Fräulein Sook ist von einer tiefen, heiteren, urtümlichen Frömmigkeit, fast wie ein großes Kind. „Alles, was geschieht" – so ihre stehende Redewendung – „ist des Herrn Wille." Sook ist es auch, die dem Jungen vom Weihnachtsmann erzählt: „...von seinem wallenden Bart,

seinem roten Mantel, seinem klingenden, mit Geschenken beladenen Schlitten." Aus der vertrauten Kinderwelt wird er herausgerissen: Sein Vater wünscht, er solle Weihnachten bei ihm in New Orleans verbringen, über fünfhundert Meilen entfernt. Eine Schreckensnachricht. Denn der Vater ist ihm ganz fremd geblieben. Der Junge will nicht. Und dann die Weihnacht.

Da beobachtet der Kleine den Vater heimlich, wie er in der Nacht Päckchen unter dem Baum arrangiert – der Vater also! Das Ende des Traums. Der Abschied vom Vater ist kühl. Zu Hause in Alabama, beim Schlafengehen, im dunklen Zimmer erzählt er Sook alles. Sie tröstet ihn: Natürlich gibt es den Weihnachtsmann. Er ist nur sehr überlastet und deshalb hat der Herr die Aufgabe auf uns alle verteilt.

Truman Capote (1924–1984), amerikanischer Schriftsteller

Reime zu Weihnachten

O Weihnacht! Weihnacht! Höchste Feier!
Wir fassen ihre Wonne nicht.
Sie hüllt in ihre heil'gen Schleier
das seligste Geheimnis dicht.
Nikolaus Lenau (1802–1850), österreichischer Schriftsteller

Die Heiligen drei Könige aus Morgenland,
Sie frugen in jedem Städtchen:
„Wo geht der Weg nach Bethlehem,
Ihr lieben Buben und Mädchen?"
Heinrich Heine (1797–1856), deutscher Dichter und Erzähler

Zitate zu Neujahr

„Das Neujahr und seine Feier ist so was wie eine Theaterpause – man geht ans Buffet auf ein Gläschen und kommt auf seinen Platz zurück. Die Optimisten hoffen dabei, dass der nächste Akt besser sein wird als die vorigen."
Gabriel Laub (1928–1998), polnisch-deutscher Schriftsteller

„Es gibt bereits alle guten Vorsätze, wir brauchen sie nur noch anzuwenden."
Blaise Pascal (1623–1662), französischer Mathematiker und Philosoph

Reime zu Neujahr

„Wird's besser? Wird's schlimmer?"
fragt man alljährlich.
Seien wir ehrlich:
Leben ist immer lebensgefährlich.
Erich Kästner (1899–1974), deutscher Schriftsteller

Ein Rauch verweht,
ein Wasser verrinnt,
eine Zeit vergeht,
eine neue beginnt.
Joachim Ringelnatz (1883–1934), deutscher Lyriker und Erzähler

Eine Neujahrsgeschichte über die Freundschaft

Es war an der Zeit, das Neujahrsfest vorzubereiten. Der König wies seine Leute an: „Ich möchte, dass es ein wirklich königliches Fest wird. Die Gästeliste soll überquellen von illustren Persönlichkeiten. Die Tische sollen sich biegen unter Delikatessen, und der Wein soll aus erlesenen Trauben und besten Jahrgängen bestehen." Die Mitarbeiter schwärmten aus und brachten aus allen Landesteilen nur das Köstlichste. Aber der König war nicht zufrieden zu stellen. „Im letzten Jahr habe ich ein durch nichts zu überbietendes Fest gegeben.
Aber die ganze Stadt sprach nur von dem Fest bei Ramun, dem Maler. Da wurde getrunken und gelacht die ganze Nacht bis zum Nachmittag des nächsten Tages. Im Jahr davor war es dasselbe. Ebenso im Jahr davor und davor. Einmal muss es mir doch gelingen, diesen Wurm zu übertrumpfen, denn ich, ich bin der König." Einer der Mitarbeiter, ein kluger Mann, verneigte sich tief und fragte: „Mein König, habt Ihr je mit dem Maler gesprochen? Es muss doch einen Grund geben, warum die Leute sein Fest so lieben, obwohl sie in schäbiger Hütte ihre mitgebrachten Happen essen und den billigsten Wein trinken müssen." Der König nickte stumm und sagte: Gut, schafft mir diesen Ramun heran." Und so geschah es. „Warum lieben die Menschen so dein Neujahrsfest?" fragte der König. Worauf der Maler: „Wir sind Freunde und brauchen einander – aber mehr brauchen wir nicht. Deshalb sind wir reich."
Unbekannt

Wenn sich zwei gefunden haben

Die Hochzeit und ihre Jubiläen sind die schönsten Anlässe für Glückwünsche. Da darf man schon mal sehr feierlich werden und in manchen Fällen aus der Bibel zitieren, vor allem, wenn kirchlich geheiratet wird.

In diesem Kapitel lesen Sie, wie Sie gratulieren,

- wenn Ihre eigenen Kinder heiraten (S. 42 ff.),
- wenn Sie als Eltern (S. 43) oder Freund (S. 48) eine kurze Ansprachen halten,
- wenn Mitarbeiter oder Kollegen heiraten (S. 49) und
- wenn die Silberhochzeit oder andere Ehejubiläen anstehen (S. 52).

Alles Gute zur Hochzeit

Phantasievolle Glückwünsche erfreuen das Brautpaar mehr und bleiben länger in Erinnerung als förmliche Standardfloskeln. Für den Bund der Ehe gibt es sehr viele schöne Symbole und wirkungsvolle Bilder. Bei Ihrer Wahl des Leitmotivs für einen längeren Glückwunsch oder eine Rede sollten Sie bedenken, wie lange sich das Brautpaar schon kennt. Und ob Sie dem Brautpaar nahe stehen oder nur entfernt bekannt sind, eines gilt immer: Gratulieren Sie nicht nur, sondern wünschen Sie auch Glück und eine lange Ehe.

Wenn die Kinder heiraten

Auch beim eigenen Kind gebietet die Höflichkeit einen schriftlichen Glückwunsch, der aber kurz sein darf. Längere Glückwünsche überbringen Sie in Ihrer Hochzeitsrede, insbesondere als Vater der Braut.

Glückwünsche für Hochzeitskarten

Beispiele: Thema Liebe

■ Ihr wisst ja, Eltern wünschen sich für ihre Kinder nur das Beste. Wir sind froh darüber, dass ihr es gefunden habt! Wir gratulieren euch von ganzem Herzen und wünschen euch ewige Liebe zueinander!

■ Goethe schrieb einmal: „Wo ich Liebe sehe, ist mir immer, als wäre ich im Himmel." Ich sehe die Liebe bei euch schon seit vielen Jahren und das macht mich glücklich. Ich bin froh, dass ihr eure Liebe nun noch fester gestärkt und einen Bund fürs Leben geschmiedet habt – möget ihr immer auf Wolke 7 schweben und eine himmlisch schöne Ehe leben!

Beispiele: Glückwunsch mit Geldgeschenk

■ Unsere Glückwunschkarte ist zwar keine Kreditkarte, aber ein bisschen Bares bekommt ihr doch, denn nur von Luft und Liebe kann ja niemand leben. Wenn das Geld knapp wird oder wenn euch etwas auf der Seele liegt: Eure Eltern sind immer für euch da. Von Herzen alles Gute zur Hochzeit!

■ Natürlich wissen wir, dass Geld für euch im Moment das Unwichtigste auf der Welt ist, nachdem ihr euch das Ja-Wort fürs Leben gegeben habt, aber eine kleine Finanzspritze kann ja niemals schaden. Wir halten es für eine gute Investition! Denn wenn euer gemeinsamer Aktienkurs steigt, haben auch wir viel Freude daran. In diesem Sinne gratulieren wir euch ganz herzlich zu eurer Hochzeit und wünschen euch ein langes, glückliches Leben in Zweisamkeit. Beate und Kai

Kurze Hochzeitsreden

Beispiel: Thema Liebe

■ Liebes Brautpaar, liebe Familienmitglieder, liebe Freunde und Gäste! Nachdem sie die Zuneigung und Liebe zueinander bereits vor geraumer Zeit entdeckt haben und durch Amors Pfeil schon lange untrennbar miteinander verbunden sind, haben zwei junge Menschen den Mut aufgebracht, Ja zu sagen, in der Hoffnung, damit die Frau beziehungsweise den Mann fürs Leben gefunden zu haben. Diese gute Entscheidung freut uns alle! Wie es euch beiden, liebes Brautpaar,

nun schon viele Jahre gelungen ist, den Alltag gemeinsam zu meistern, so wird es euch sicherlich auch als Ehepaar gelingen, Gemeinsamkeiten zu fördern und Unterschiede zu akzeptieren. Dadurch wird eure Ehe wie ein harmonischer Tanz auf den Wogen des Wassers sein.
Die Ehe ist wie ein Fluss mit vielen Biegungen. Es gibt ruhige Wasser und Stromschnellen. Durch Achtung voreinander, durch Vertrauen und Toleranz werdet ihr, liebes Brautpaar, in der Lage sein, die ruhigen Wasser und die Stromschnellen gemeinsam zu meistern, um eine lange und glückliche Partnerschaft zu führen. Dabei dürft ihr niemals das Reden miteinander vergessen oder gar verlernen. Aber apropos Reden – lasst mich zum Schluss kommen, und lasst uns alle unsere Gläser erheben! Wir stoßen an auf euch, liebes Brautpaar – auf eure Liebe – und auf eine glückliche Ehe: Prosit!

Beispiel: Mit Zitat einleiten

■ Liebe Gäste, die Dichterin Marie von Ebner-Eschenbach hat einmal gesagt – ich zitiere: „So weit die Erde Himmel sein kann, so weit ist sie es in einer glücklichen Ehe." Diesen Himmel auf Erden wünschen wir euch, liebe Eva, lieber Axel – und den wichtigsten, den ersten Schritt hin zu diesem Himmel auf Erden habt ihr ja heute nun gemacht. Aber schon seit Jahren schwebt ihr zwei in himmlischen Gefilden – und das soll auch so bleiben! Aus Erfahrung weiß man zwar, dass das Leben auch mit dunklen Wolken und Widrigkeiten aufwarten kann. Doch das wisst ihr beide und Probleme können nur gemeinsam gemeistert werden. Auch Toleranz gegenüber den Eigenarten des anderen gehört zu

den Eigenschaften, die man sich in einer Ehe unbedingt bewahren sollte.
Wir stoßen an, auf euch, liebe Eva, lieber Axel – wir wünschen euch den Himmel auf Erden – wir wünschen euch das große Glück einer glücklichen Ehe! Auf euch, auf eure Liebe – Prosit!

Beispiel: Herzliche Begrüßung

■ Liebe Eva, lieber Axel – liebe Freunde und Verwandte – sehr geehrte Hochzeitsgäste! Ich begrüße Sie und euch alle ganz herzlich! Wir erleben heute eine Traumhochzeit, die nicht nur dem Brautpaar lange in Erinnerung bleiben wird, sondern uns allen! Auch deshalb, weil wir sehr viele wunderbare Gäste haben. Unserer besonderer Willkommensgruß und unser Dankeschön gelten denen unter uns, die weite Wege gegangen sind, um heute mit uns zu feiern! Ich begrüße besonders herzlich meinen Cousin Hans und seine Anna. Sie sind über 600 Kilometer aus Hamburg angereist. Eine besonders lange Anreise hatten auch Tine und Tim aus Berlin! Herzlich willkommen!
Wir alle freuen uns von Herzen, dass ihr euch gefunden habt. Und ich freue mich besonders, meine Tochter in den Hafen der Ehe einfahren zu sehen. Auch im Namen meiner lieben Frau darf ich aber sagen: Wir verlieren keine Tochter – sondern wir gewinnen mit Axel ein Familienmitglied hinzu. Lieber Axel, ich heiße dich nun auch ganz offiziell herzlich willkommen in unserer Familie! Inoffiziell bist du für uns ja schon fast wie ein Sohn – du bist uns sehr ans Herz gewach-

sen, und wir freuen uns auf viele schöne weitere gemeinsame Stunden mit dir!

Verwandte, Freunde und Bekannte gratulieren

Von locker-frech bis emotional und ernsthaft: Als Freund oder Bekannter können Sie ganz nach Gusto schreiben! Wenn Sie einen Strauß Blumen schicken, nutzen Sie die so genannte Blumensprache: Die meisten Blumen symbolisieren etwas – und das können Sie in Ihrem Glückwunschtext erklären.

Glückwünsche für Karten

Beispiele: Blumengrüße

■ Ich sende euch beiden einen Strauß Hyazinthen: das Sinnbild für das jährliche Wiedererwachen in der Natur – und das Zeichen der Treue. Von Herzen alles Gute zur Hochzeit!

■ Blumen sprechen die schönste Sprache der Welt. Diese weißen Lilien sagen euch: Nichts kann reiner und edler sein als eure Liebe! Haltet einander für die Ewigkeit fest, in stillem Vertrauen und unendlicher Liebe. Mit den besten Glückwünschen zu eurer Hochzeit, eure Freundin ...

Beispiele: Bilder und Wortspiele

■ Nehmt meine Glückwunschkarte als Fahrkarte ins Glück! Das Ticket müsst ihr immer neu lösen, mit viel Geduld, Liebe und Ausdauer – aber das schafft ihr zwei schon, wie ich euch kenne. Alles Gute, von Herzen, ...

■ Ich weiß, für eure vollkommene Seligkeit bedarf es nun nur noch meiner Glückwünsche. Ich gratuliere euch von ganzem Herzen zu eurem „Ja, ich will". Ich wünsche euch, dass eure Liebe ewig hält. Herzlichen Glückwunsch zur Hochzeit!

■ Jetzt habt ihr euch endlich getraut! Ich wünsche euch für euer Leben von Herzen Gesundheit, Glück und Freude mit der Liebe eures Lebens!

■ Ihr seid nun eins, ihr beide, und wir sind mit euch eins. Wir, eure Freunde, wollen weiter mit Euch sein – denn was wären wir ohne euch? Bleibt uns erhalten – und alles Gute zu eurer Hochzeit!

■ So, heute hat man euch also endlich in Ringe gelegt, für die Ewigkeit. Lebenslänglich! Wie ich euch kenne, akzeptiert ihr dieses Urteil mit großer Freude! Ihr werdet keinen Einspruch einlegen; wie ich euch kenne, würdet ihr euch sogar bei Wasser und Brot einkerkern lassen, solange ihr die Zelle miteinander teilen dürftet! Das ist die Kraft der Liebe. Ich gratuliere euch von ganzem Herzen zu eurer Hochzeit und wünsche euch nur das Beste!

Beispiele: Geldgeschenke

■ Alles Liebe zu eurer Hochzeit! Ich wünsche euch, dass ihr mindestens „Gold" gewinnt und die Goldhochzeit schafft! Aber apropos Gold, wie heißt das alte Sprichwort: „Hochzeitgehen ist ein' Ehr', macht den Beutel aber leer." Euch soll's nicht so gehen – deshalb die kleine Zuwendung für euren „Klingelbeutel"! Greift zu – es kommt von Herzen!

■ Wie teuer eine Ehe doch sein kann: ein Haus, ein Auto, die Kinder ... Aber das soll euch jetzt noch nicht belasten. Wir stehen euch zur Seite – und ihr widmet euch einfach eurem jungen Glück. Wir gratulieren von ganzem Herzen zu eurem Ja-Wort und wünschen euch eine glückliche Zukunft.

Kurze Hochzeitsrede

■ Ihr wisst: Gemeinsam Freude erleben, fühlt sich an wie doppelte Freude – und somit erlaube ich mir, euch einen Wahlspruch für eure Zukunft mit auf den Weg zu geben: „Ein Mensch für sich allein ist nichts; zwei Menschen, die zusammen gehören, sind eine Welt!" Ich wünsche euch eine schöne und große gemeinsame Welt, denn jedes Jahr hat einen Frühling voller zärtlicher Ungeduld und einen Sommer voller Wachstum, einen Herbst mit stiller Reife und einen von erhabener Weisheit geprägten Winter.

Jedes Zusammenleben hat Sonnen- und Regentage. Eurer Ehe wünsche ich einen noch lange währenden Frühling und für den dann folgenden Sommer viele Sonnentage voller Wachstum und nur wenige Regentage. Dabei wünsche ich euch viel Kraft diese Tage zu meistern, damit euer „Ehesommer" eine dauerhafte Beziehung wachsen und gedeihen lässt. Dafür braucht ihr Beständigkeit, Mut, Liebe, Hoffnung, Kraft, Treue, Glaube und Ehrlichkeit. Alles Gute für eure Zukunft – und herzlichen Glückwunsch zur Hochzeit!

Hochzeitswünsche von Vorgesetzten oder Kollegen

Werden Sie hier nicht zu persönlich. Statt an Anekdoten aus dem Arbeitsleben zu erinnern, bringen Sie lieber ein allgemeines Zitat einer anerkannten Autorität. Tabu sind gute Wünsche den möglichen Nachwuchs betreffend. Hier könnten Sie – bei Unfruchtbarkeit einer der Ehepartner – in ein sehr tiefes Fettnäpfchen treten.

Glückwunschkarten vom Chef oder von der Chefin

Beispiele: Wortspiele mit der Geschäftssprache

■ Heute haben Sie fusioniert und ich bin davon überzeugt, dass sich Ihre Allianz als höchst erfolgreich herausstellen wird! Ich wünsche Ihnen alles erdenklich Gute für die Zukunft – mit Liebe, Glück und Gesundheit an jedem Tag!

■ Liebes Brautpaar, in meiner Branche sehe ich derart oft Meisterwerke vom Markt verschwinden, dass ich mich schon daran gewöhnt habe. Doch nun sind Sie, zwei sehr begehrte Meisterwerke, vom Hochzeitsmarkt verschwunden – daran wird sich mancher wohl kaum gewöhnen können! Sie beide dürfen sich äußerst glücklich schätzen, denn Sie haben den Zuschlag für einen Volltreffer erhalten! In diesem Sinne gratuliere ich zur Hochzeit und wünsche Ihnen eine erfolgreiche und glückliche Ehe.

■ Sie haben in unserem Reisebüro den Menschen schon zahlreiche wunderbare Reisen vermittelt. Aber die beste Reise treten Sie nun selbst an. Denn, wie heißt es so richtig: „Die wichtigste Entdeckungsreise, die ein Mensch antreten kann, ist die Ehe." Auf dieser Tour brauchen Sie eine lange Puste, und manchmal vielleicht auch Steigeisen und Sauerstoffflasche. Aber spannend und schön wird die Reise in jedem Fall! Alles Gute für Ihre Ehe wünscht Ihnen ...

■ Eine Firma zu leiten ist beinahe genauso wie eine Ehe zu führen und deshalb möchte ich Ihnen gern ein paar Insidertipps geben! Erstens: Hören Sie niemals auf, an sich selbst zu arbeiten, denn schließlich tun Sie es für das höchste aller Ziele. Geben Sie Ihrem Partner jeden Tag wieder neu das Gefühl, das Beste in Ihrem Leben zu sein. Und was am Wichtigsten ist: Behalten Sie den gemeinsamen Erfolg im Auge! Mit den herzlichsten Glückwünschen, Ihre ...

Karten von Kollegen

Beispiele: Glückwunsch mit Komplimenten

■ Schon der alte Goethe hat erkannt: „Sonne kann nicht ohne Schein, Mensch nicht ohne Liebe sein." Ich freue mich für Sie, dass Sie Ihre zauberhafte Frau Gemahlin gefunden haben! Herzlichen Glückwunsch und alles Gute zur Hochzeit!

■ Wir, deine Kollegen, gratulieren dir zum größten Erfolg in deiner Laufbahn: Du hast eine so charmante, schöne und herzensgute Frau gefunden, dass wir alle ganz neidisch sind! Trotzdem wünschen wir dir von Herzen alles Gute – und Hals- und Beinbruch für deine Ehe!

■ Liebe Sabine, ich gratuliere dir von ganzem Herzen zu deiner Hochzeit und zu deinem Ehemann Tom! Ihr beide seid wirklich ein wunderschönes Paar und ich bin ganz sicher, dass euer Glück für die Ewigkeit ist, deine ...

Beispiele: Etwas persönlicher, Glückwünsche mit Zitaten

- Der Friedensnobelpreisträger Willy Brandt hat einmal geraten: „Hab' eine möglichst unempfindliche Haut – aber behalte ein möglichst empfindsames Herz." Genau das raten wir Ihnen – es ist das Erfolgsrezept jeder friedvollen, glücklichen Ehe. Diese wünschen wir Ihnen von Herzen!

- „Ein lediger Mensch lebt nur halb", sagte Mozart. Ich gratuliere Ihnen dazu, dass Sie jetzt nicht mehr halb, sondern ganz sind! Alles Gute, von Herzen, für Sie und Ihre Ehe!

- Alberto Sordi, ein italienischer Filmkomiker, hat einmal gesagt: „Die Ehe ist eine sehr gerechte Einrichtung! Die Frau muss jeden Tag Essen kochen und der Mann muss es jeden Tag essen." Nur ein Scherz, ihr Lieben! Sicher wird euch das Gericht Ehe ganz hervorragend munden und ihr werdet nie wieder etwas anderes zu euch nehmen wollen. Mit den besten Glückwünschen zur Hochzeit, eure Kollegin ...

Silberne Hochzeit und andere Ehejubiläen

Ein Viertel oder gar ein halbes Jahrhundert Liebe ist eine große Feier wert, aber schon nach zwölfeinhalb Jahren darf gefeiert werden. Das nennt man dann „Petersilienhochzeit". Die diamantene Hochzeit mit 60 Jahren ist sehr selten und umso mehr ein Grund zum Gratulieren. „Jubelpaare" sind meistens nicht mehr die Jüngsten. Betonen Sie in Ihrer Gratulation gerade deshalb gute Wünsche für eine lange gemeinsame Zukunft. Generationsbedingt gehören ab der Goldhochzeit christliche Elemente in Ihren Glückwunsch: Wünschen Sie Gottes Segen oder verwenden Sie Zitate aus der Bibel. Kennt man das Jubelpaar gut, darf der Glückwunsch romantisch und verspielt sein.

Glückwünsche von Familie und Freunden

Karten und Briefe

Beispiel: Petersilienhochzeit

■ Den Kriegern Athens war in Kampfzeiten der Genuss von Petersilie streng verboten, weil man glaubte, dass dieses Kraut sexuelle Energien aufbaut. Die Petersilie gilt schon seit Urzeiten als Aphrodisiakum. Kein Wunder, dass sie auch Bockskraut oder Stehsalat genannt wird. Auch so gesehen lohnt es sich sicherlich, Petersilienhochzeit zu feiern. Dazu sende ich euch meinen herzlichen Glückwunsch und wünsche euch, dass ihr allzeit in Frieden miteinander weiterlebt!

Beispiele: Von silbern bis diamanten

■ Ein Vierteljahrhundert ist es her, da standet ihr vor dem Altar und habt euch das Ja-Wort gegeben. Doch auch nach so vielen Jahren kann man sehen, dass ihr euch noch liebt wie am ersten Tag! Ich gratuliere euch daher von Herzen zu eurer Silberhochzeit!

■ Zweimal 25 Jahre der Liebe, das macht ein halbes Jahrhundert Liebe! Ich wünsche euch: Macht die Hundert voll! Auch für die nächsten zweimal 25 Jahre: viel Glück, Freude und Liebe! Ich gratuliere euch ganz herzlich zur Silberhochzeit.

■ Liebes Goldpärchen! Die vergangenen 50 Jahre waren nicht für alle Menschen so schön wie für euch: Ihr habt Goldene Zeiten erlebt – denn ihr habt ein halbes Jahrhundert Liebe erlebt! Dazu gratuliere ich euch von Herzen, und wünsche euch noch viele goldene Jahre in trauter Zweisamkeit – mit Gottes Segen.

■ Was Gott zusammengeführt hat, das soll der Mensch nicht trennen, so heißt es – und daran habt ihr euch seit 25 Jahren ja auch gehalten. Dazu gratuliere ich euch ganz herzlich!

■ „Lasset uns nicht lieben mit Worten, sondern mit der Tat und mit der Wahrheit." Das steht schon in der Bibel – und ihr beide folgt diesem göttlichen Ratschlag nun bereits seit sechzig Jahren. Mit Tatkraft und Wahrhaftigkeit pflegt und hegt ihr eure Liebe. Meinen herzlichen Glückwunsch zur diamantenen Hochzeit und noch viele gesunde und glückliche Jahre!

Kurze Ansprache

Goldene Zeiten, eine Hymne auf die unvergängliche Liebe, Kompliment und Dank – all das zählt zu den Elementen einer Rede zum Hochzeitsjubiläum.

Beispiel: Zahlenspiel mit 50 Jahren

■ Liebe Mama, lieber Papa! Wenn ich eure gemeinsame Reise durch ein halbes Jahrhundert, wenn ich eure gemeinsamen 50 Jahre ganz kurz zusammenfassen sollte – dann denke ich an ein Wort von Wilhelm Busch, der einmal sagte – ich zitiere: „Die Summe unseres Lebens sind die Stunden, wo wir lieben."
Bei euch, liebe Eltern, lässt sich eine Zwischensumme also leicht ausrechnen. 876.000 Stunden lautet das Ergebnis. Zweimal fünfzig Jahre eurer Liebe – das macht ein ganzes Jahrhundert Liebe, das sind 876.000 Stunden, rund 52 Millionen Momente, 52 Millionen Augenblicke der Liebe!
Also, das ist ganz sicher eine Feier wert! Denn eure Stunden waren wirklich Stunden der Liebe. Wer euch kennt, weiß das.
Liebe Mama, lieber Papa, genießt weiter noch viele Stunden eurer Liebe! Und ich meine, darauf können wir jetzt auch mal alle anstoßen! Auf euch, liebe Eltern! Auf eure Liebe – auf eure Gesundheit – auf euer Wohl – und von Herzen: Alles Gute, Gottes Segen und ganz herzlichen Glückwunsch zur goldenen Hochzeit! Auf euch – Prosit!

Beispiel: Zitat und Dank an die Eltern

■ „Die Summe unseres Lebens sind die Stunden, wo wir lieben." Nun, beinahe hätte Wilhelm Busch seinen schönen Satz gar nicht aufschreiben können. Denn als er 23 Jahre alt wurde, erkrankte er an Typhus. Er kehrte zurück in sein Elternhaus – seine Eltern nahmen ihn auf und pflegten ihn wieder gesund.

Liebe Mama, lieber Papa – auch ich danke euch für eure Hilfe. Liebe Gäste, wenn man mich fragt: „Wo und wann und wie haben dir deine Eltern denn geholfen?" Dann kann ich die Antwort mit einem Wort sagen: immer. Meine Eltern haben mir immer geholfen, wenn ich sie gebraucht habe, weil meine Eltern nicht nur sich von Herzen lieben, sondern auch mich, ihr Kind. Liebe Mama, lieber Papa, ihr habt immer zu mir gehalten – und dafür sage ich heute auch mal ganz offiziell: Dankeschön.
Als kleines Zeichen meines großen Danks möchte ich euch heute eine Reise schenken. Wohin die Reise geht, das dürft ihr selbst entscheiden! Aber ich schenke euch die Reise in der Hoffnung und mit dem Wunsch, dass eure und unsere gemeinsame Reise durch das Leben noch lange weitergeht!

Vorgesetzte und Kollegen senden Glückwünsche

Bei dieser Glückwunschart kommt es besonders darauf an, dass Sie Ihr persönliches Verhältnis zum Jubelpaar berücksichtigen. Wie nahe steht Ihnen der Mitarbeiter oder die Mitarbeiterin? Haben Sie seine Frau oder ihren Mann schon einmal persönlich kennen gelernt? Wenn Sie den Mitarbeiter nicht gut kennen, und nicht wissen, wie seine Frau heißt, sollten Sie Ihren Glückwunsch eher formell und allgemein formulieren, damit Sie sich nicht anbiedern.

Glückwunschkarten von Kollegen und Vorgesetzten

■ Sie und Ihre Frau sind nun schon seit 25 Jahren verheiratet – und das ist in der heutigen Zeit wahrlich keine Selbstverständlichkeit mehr. Ich gratuliere Ihnen ganz herzlich zu Ihrer Silberhochzeit und wünsche Ihnen für den weiteren Lebensweg als Ehepaar alles erdenklich Gute!

■ Zu Ihrer silbernen Hochzeit gratuliere ich Ihnen recht herzlich und wünsche Ihnen auf dem gemeinsamen Weg zur goldenen Hochzeit, dass Ihre Liebe so jung und gesund bleibt wie am heutigen Tag!

■ In Ost-Westfalen ist es üblich, dem Brautpaar zur Petersilienhochzeit Sträuße aus dieser Pflanze zu überreichen und das Haus damit zu dekorieren. Ich persönlich bevorzuge eher die klassische Variante des Gratulierens. Herzlichen Glückwunsch zur Petersilienhochzeit und alles Gute für die nächsten 12 ½ Jahre! Ihr ...

■ Die Hälfte habt ihr schon geschafft! Noch mal so viel, dann ist die Silberhochzeit da und ich bin sicher, ihr beide spürt schon, wie schnell die Zeit vergeht. Ich gratuliere euch von ganzem Herzen zu 12 ½ Jahren glücklicher Zweisamkeit und wünsche euch, dass noch sehr viele Jahrzehnte folgen werden und dass ihr auch zur goldenen Hochzeit noch ebenso gern feiert wie heute!

Zitate für Paare

Romantische Zitate

„Ein lediger Mensch lebt nur halb."
Wolfgang Amadeus Mozart (1756–1791), österreichischer Komponist

„Geliebt sein heißt: aufbrennen. Lieben ist: leuchten mit unerschöpflichem Öle."
Rainer Maria Rilke (1875–1926), österreichischer Schriftsteller

„Die Seele kann nicht leben ohne Liebe, sie muss etwas lieben, sie ist aus Liebe geschaffen."
Heilige Katharina von Siena (1347–1380), Schutzpatronin Europas

„Welch ein Glück, geliebt zu werden! Und lieben – Götter – welch ein Glück!"
Johann Wolfgang von Goethe (1749–1832)

„Bis zum Meer für einen Bruder. Durch das Meer für eine Geliebte." *Unbekannt*

„Denn das Glück, geliebt zu werden, ist das höchste Glück auf Erden."
Johann Gottfried von Herder (1744–1803), deutscher Dichter und Philosoph

„Den Sinn erhält das Leben einzig durch die Liebe. Das heißt: Je mehr wir zu lieben und uns hinzugeben fähig sind, desto sinnvoller wird unser Leben."
Hermann Hesse (1877–1962), deutscher Dichter, 1946 Nobelpreisträger für Literatur.

Humorvolle Zitate

„Eine glückliche Ehe ist die, in der sie ein bisschen blind und er ein bisschen taub ist."
*Loriot (*1923), deutscher Cartoonist, Regisseur und Schauspieler*

„Die Natur der Dinge ist so eingerichtet, dass die Frauen immer Recht behalten."
Friedrich Nietzsche (1844–1900), deutscher Philosoph

„Richtig verheiratet ist der Mann, der jedes Wort versteht, das seine Frau nicht gesagt hat."
Alfred Hitchcock (1899–1980), britischer Filmregisseur

„Hochzeitgehen ist ein' Ehr', macht den Beutel aber leer."
Deutsches Sprichwort

„Warum haben die Segelboote alle Namen von Frauen?" fragt der Sohn. „Teure Takelage", antwortet der Vater, „und schwer zu steuern." *Unbekannt*

„Der Mensch will brutto geliebt werden, nicht netto."
Friedrich Hebbel (1813–63), deutscher Dichter

„Der Unterschied in der Liebe zwischen Mann und Frau besteht darin, dass der Mann das Auto liebt, die Frau den Parkplatz."
*Jean-Paul Belmondo (*1933), französischer Filmschauspieler*

Besinnliche Zitate

„Der Mensch kann nicht bestehen, ohne etwas anzubeten."
Fjodor Michailowitsch Dostojewskij (1821–1881), russischer Romanautor

„Hab' eine möglichst unempfindliche Haut – aber behalte ein möglichst empfindsames Herz."
Willy Brandt (1913–1992), deutscher Politiker und Friedensnobelpreisträger

„Ich glaube nicht, dass eine völlige Gleichheit in Temperamenten, Neigungen, Denkungsart, Fähigkeiten und Geschmack durchaus erfordert werde, um eine frohe Ehe zu stiften; vielmehr mag wohl zuweilen grade das Gegenteil mehr Glück gewähren."
Freiherr Adolph Franz Friedrich Ludwig Knigge (1752–1796), deutscher Schriftsteller

„Weich ist stärker als hart. Wasser ist stärker als Fels. Liebe ist stärker als Gewalt."
Hermann Hesse (1877–1962), deutscher Dichter und Literatur-Nobelpreisträger

„Die Liebe hat zwei Töchter: die Güte und die Geduld."
Aus Italien

„Der Geist baut das Luftschiff, die Liebe aber macht gen Himmel fahren."
Christian Morgenstern (1871–1914), deutscher Lyriker

„Der Hass folgt der Trägheit des Herzens; er ist billig und bequem. Die Liebe ist immer ein Wagnis. Aber nur im Wagen wird gewonnen."
Theodor Heuss (1884–1963), erster Bundespräsident der Bundesrepublik Deutschland

Reime

Ihr seid nun eins, ihr beide,
und wir sind mit euch eins.
Trinkt auf der Freude Dauer
ein Glas des guten Weins!
Und bleibt zu allen Zeiten einander zugekehrt,
durch Streit und Zwietracht werde
nie euer Bund gestört.
Johann Wolfgang von Goethe (1749–1832)

Hoch ist der Liebe süßer Traum
erhaben über Zeit und Raum.
Wilhelm Busch (1832–1908), deutscher Zeichner und Dichter

Die Liebe, die Liebe, welch lieblicher Dunst!
Doch in der Ehe – da steckt die Kunst.
Theodor Storm (1817–1888), deutscher Dichter

Drum prüfe, wer sich ewig bindet,
ob sich das Herz zum Herzen findet.
Friedrich von Schiller (1759–1805), deutscher Dichter

Wie Felsenabgrund mir zu Füßen
Auf tiefem Abgrund lastend ruht,
Wie tausend Bäche strahlend fließen
Zum grausen Sturz des Schaums der Flut,
Wie strack mit eignem kräftigen Triebe
Der Stamm sich in die Lüfte trägt:
So ist es die allmächtige Liebe,
Die alles bildet, alles hegt.
Johann Wolfgang von Goethe (1749–1832)

„Tadelt man, dass wir uns lieben, dürfen wir uns nicht betrüben: Tadel ist von keiner Kraft. Andern Dingen mag das gelten, kein Missbilligen, kein Schelten, macht die Liebe tadelhaft."
Johann Wolfgang von Goethe (1749–1832)

Zitate aus der Bibel

Glückwünsche zur silbernen und goldenen Hochzeit mit einem Bibelzitat zu versehen, betont den kirchlichen Bund fürs Leben, den das Paar vor dem Altar geschlossen hat.

„Wenn ich in den Sprachen der Menschen und Engel redete, hätte aber die Liebe nicht, wäre ich dröhnendes Erz oder eine lärmende Pauke. Und wenn ich prophetisch reden könnte und alle Geheimnisse wüsste und alle Erkenntnis hätte; wenn ich alle Glaubenskraft besäße und Berge damit versetzen könnte, hätte aber die Liebe nicht, wäre ich nichts. Und wenn ich meine ganze Habe verschenkte, und wenn ich meinen Leib

dem Feuer übergäbe, hätte aber die Liebe nicht, nützte es mir nichts."
1. Korinther 13, 1–3

„Einer trage des anderen Last,
so werdet ihr das Gesetz Christi erfüllen."
Galater 6,2

„Gott hat uns nicht gegeben den Geist der Furcht,
sondern der Kraft und der Liebe und der Besonnenheit."
2. Timotheus 1,7

„Lasset uns nicht lieben mit Worten,
sondern mit der Tat und mit der Wahrheit."
1. Johannes 3, 18

„Bittet, so wird euch gegeben; suchet, so werdet ihr finden; klopfet an, so wird euch aufgetan."
Matthäus 7, 7

„Sie ist lieblich wie eine Hinde und holdselig wie ein Reh; Lass dich ihre Liebe allzeit sättigen und ergötze dich allewege in ihrer Liebe."
Sprüche 5,19 (Hinde = Hirschkuh)

Rund ums Kind

Jeder neue Erdenbürger braucht Schutz – und viel Glück. Anlässe gibt es viele.

In diesem Kapitel finden Sie Muster

- für liebevolle, verbindliche oder humorvolle Glückwünsche zur Geburt eines Kindes (S. 64 ff.),
- für Karten, Briefe und kurze Ansprachen zur Taufe (S. 69), Kommunion (S. 73), Firmung oder Konfirmation (S. 76) sowie zur in den östlichen Bundesländern beliebten Jugendweihe (S. 80).

Zur Geburt

Ihre Glückwünsche richten sich in diesem Fall natürlich an die Eltern. Auch die Eltern beginnen einen neuen Lebensabschnitt und sind für jede Unterstützung dankbar. Wenn Sie also selbst Kinder haben, können Sie für das Glückwunschschreiben aus diesem Erfahrungsschatz schöpfen. Gratulieren Sie, wünschen Sie viel Freude und – wenn Sie möchten – starke Nerven. Bieten Sie gegebenenfalls an, immer mit Rat und Tat zur Seite zu stehen. Eltern und Geschwister begrüßen das neue Familienmitglied meist schon in den ersten Tagen und gratulieren persönlich. Freunde und Bekannte überreichen einen Blumenstrauß oder ein Geschenk meist etwas später zusammen mit einer Glückwunschkarte.

Glückwünsche von Verwandten und Freunden

Glückwünsche zur Geburt dürfen liebevoll-salopp sein und für enge Freunde oder Geschwister ruhig auch flapsig. Humor ist hier das Beste, denn schließlich bringt der Neuankömmling die alte Familienordnung durcheinander.

Beispiele: Humorvoll

■ Schlaflose Nächte, jede Menge Geschrei und dann die ersten Zähne ... Auch ihr werdet das erleben – und trotzdem gut überstehen! Alles Liebe für euch und eure Eva!

■ Wir wünschen euch von ganzem Herzen alles Gute zur Geburt eurer Tochter Uschi! Sie soll den Möhrchenbrei in der

Wohnung verteilen, euch jubelnd empfangen, wenn ihr nach Hause kommt, sie soll euch frech anlächeln, wenn ihr etwas sagt ... Kurz, sie soll einfach euer Sonnenschein sein. Viel Freude, Spaß und Geduld wünschen, ...

■ Liebe Alex, sie wird deine Designerschuhe und dein gesamtes Make-up ausprobieren und deine Modellautos mit Barbies ausstatten, lieber Mark! In der Pubertät wird sie euch alle Nerven kosten und es wird sicher Momente geben, die eure Geduld ganz schön auf die Probe stellen. Aber wäre es anders, wäre es auch nur halb so schön. Ich bin ganz sicher: Egal, was euer Mädchen auch anstellen wird, letztendlich ist sie euch dankbar für alles, was ihr für sie tut, weil sie euch lieb hat, so wie ihr sie von Herzen liebt. Ich gratuliere euch zu eurer Stefanie!

■ Herzlichen Glückwunsch, ihr habt das große Los gezogen. Benjamin-Blümchen-Kassetten auf Endlosschleife, Unterhaltungszwang am Samstagmorgen um 7 Uhr und ein hauseigener Teletubbie-Fanclub! Ich gratuliere euch von ganzem Herzen zu eurem kleinen Schatz und wünsche eurer jetzt noch größeren Familie nur das Beste für die Zukunft!

Beispiele: Thema Liebe

■ Das Symbol eurer Liebe ist geboren! Ich gratuliere euch von ganzem Herzen zu eurem Kind und wünsche euch ein Leben voller Erfüllung. Bleibt unzertrennlich und haltet zusammen!

■ In Indien sagt man: Ein Erwachsener achtet auf Taten – ein Kind achtet auf Liebe! Bei euch bin ich ganz sicher: Zuneigung, Zärtlichkeit und Liebe werden das Erste sein, was euer Kind, durch Euch, auf dieser Welt erfährt! Mit Glückwünschen aus vollstem Herzen, ...

■ Die Liebe, die euch beide seit eurer ersten Begegnung verbindet, ist nun auf euer Kind übergegangen, denn es ist ein Teil von euch: ein Pfand eurer großen Liebe. Mit den besten Glückwünschen zur Geburt, euer Freund Stefan

Glückwünsche von Kollegen, Vorgesetzten und Geschäftspartnern

Persönlich und herzlich wirkt es, wenn Sie als Vorgesetzter den Namen des Neugeborenen in Ihrem Glückwunsch nennen. Vielleicht können Sie ja auch etwas Positives über den Geburtsverlauf in Erfahrung bringen; etwa, dass es eine schnelle, glatte Geburt war oder das Baby sehr groß oder schwer ist. Sie dürfen ruhig den Bogen zum Beruflichen spannen.

Beispiele: Vertraut und humorvoll

■ Zur Geburt Ihrer kleinen Tochter Lena gratulieren wir Ihnen von Herzen und wünsche Ihrer Familie für den Weg in Richtung Zukunft alles Gute! Ihre Kollegen

■ Neun Monate gespanntes Warten und nun ist Paul endlich gelandet. Man kann aber wirklich sagen, es hat sich gelohnt, denn so ein süßes Baby habe ich wirklich selten gesehen! Und glaubt mir, ich weiß, wovon ich rede! Ich gratuliere euch von ganzem Herzen zur Geburt eures Hendriks! Eure Kollegin ...

■ Liebe Eltern, meine herzlichsten Glückwünsche zur Geburt eurer Lena. Grüßt das Schätzchen von mir ... alle drei Stunden! Eure ...

■ Glückwunsch, Markus und Barbara! Wir gratulieren euch zu der Geburt eures kleinen Ronaldos und wünschen der jungen Fußballfamilie alles erdenklich Gute! Die Kollegen

Beispiele: Herzlich und ein wenig offiziell

■ Sehr verehrte Frau Müller, als Projektmanagerin haben Sie für uns schon viele knifflige Konzepte aus den Kinderschuhen geholfen. Wenn ich nur an die Projekte ... denke, das waren nicht immer leichte Geburten! Ich freue mich deshalb zu hören, dass auch dieses Mal alles gut und glatt gegangen ist, als Sie nun Ihr neues Projekt „Anna Leonie" im Kreißsaal mit vollstem Erfolg abgeschlossen haben! Dazu gratuliere ich Ihnen ganz herzlich und wünsche Ihnen im Namen aller Mitarbeiter alles Gute für Sie und Ihren neuen Sonnenschein!

■ Lieber Herr Huf, ich gratuliere Ihnen ganz herzlich zu diesem freudigen Ereignis, der Geburt Ihres kleinen Jonas! Da ich Sie als höchst kompetenten Mitarbeiter kenne, werden Sie ganz sicher auch in Ihre neuen Aufgaben als Vater hervorragend meistern. Mit den besten Glückwünschen, Ihr ...

■ Sehr geehrte Frau Brückner, ich gratuliere Ihnen herzlich zu Ihrem Pfundskerl Luka! 4,2 Kilogramm und 60 Zentimeter, wie mir zu Ohren gekommen ist – also, etwas Großes hatten wir ja schon von Ihnen erwartet, da Sie ja auch bei uns im Büro permanent Höchstleistungen vollbringen ... Aber ein solches Prachtkerlchen ... darauf dürfen Sie äußerst stolz sein! Herzlichen Glückwunsch!

■ Sehr geehrte Frau Brückner, meine herzlichsten Glückwünsche zur Geburt Ihrer Lara. Ich bin sicher, Sie werden mit der Kleinen sehr viel Freude haben, denn Kinder sind doch wirklich das Schönste im Leben. Ich wünsche Ihnen und Ihrer Familie alles Gute!

■ Zwar ist es schön zu sehen, dass es beruflich für Sie zurzeit nicht besser laufen könnte, aber die Geburt des eigenen Kindes ist doch nach wie vor ein Ereignis, dass alles bisher Dagewesene in den Schatten stellt. Wir gratulieren recht herzlich zu der Geburt von Maximilian ...

■ Es scheint, als wäre momentan Ihr gesamtes Leben von Erfolg gekrönt und wir können nur sagen, Sie haben es sich auch redlich verdient! Herzlichen Glückwunsch zur Geburt Ihres Sohnes Dominik und alles Gute für die Zukunft, Ihr Geschäftspartner ...

Taufe

Die Taufe ist das erste und wichtigste aller Sakramente. In Ihrem Glückwunschschreiben muss daher eine „christliche Formulierung" zwingend enthalten sein, selbst wenn Sie bekennender Atheist sind. Richten Sie Ihren Glückwunsch nicht an das Taufkind selbst, denn es kann ja noch nicht lesen: Schreiben Sie den Namen des Taufkinds auf den Briefumschlag und verfassen Sie Ihren Text in der Glückwunschkarte dann an die Eltern.

Glückwünsche von Freunden und Verwandten

Um die Gratulation zur Taufe feierlich zu gestalten, weisen Sie auf Folgendes hin: Eine Taufe ist nicht nur eine schöne Familienfeier, sondern ein äußerst wichtiger Tag im Leben des Täuflings, der in die große Gemeinschaft Gottes aufgenommen wird. Insbesondere Taufpaten sollten hier ihrer Pflicht nachkommen, durchaus mit etwas Pathos die Wichtigkeit dieses Vorgangs zu betonen. Dies ist natürlich nicht glaubwürdig, wenn die Paten der Amtskirche eher distanziert gegenüberstehen. Dann lautet der Ausweg: Humor!

Beispiel: Gottes Segen

■ Heute ist euer Kind in die Gemeinschaft Gottes aufgenommen worden, wo man es leiten, halten und lieben wird! Zu diesem Ereignis gratuliere ich euch und wünsche euch und eurem Kind nur das Beste, mit Gottes Segen!

■ Heute ist ein ganz besonderer Tag, denn ihr habt euer Kind in die Hände Gottes gelegt! Er wird von nun an zu jeder Zeit schützend über euren kleinen Benjamin wachen und ihn auf die rechten Pfade führen. Dazu gratuliere ich ihm und euch ganz herzlich!

Beispiel: Glückwunsch in der Blumensprache

■ Heute sende ich euch einen besonderen Strauß aus Edelweiß, Eichenlaub und Efeu. In der Blumensprache bedeutet dies: „Euer kleiner Gustav ist wunderschön" (Edelweiß). „Ihr habt Mut bewiesen, ihm das Licht der Welt zu schenken" (Eichenlaub). Und mit Liebe (Efeu), eurer und Gottes Liebe, wird er im Leben alles schaffen! Alles Gute für euch und euer Taufkind!

Beispiel: Taufpaten

■ Ich will ganz ehrlich sein: Schon als ich eure kleine Kristina das erste Mal sah, habe ich sie in mein Herz geschlossen. Deshalb konnte ich mein Glück kaum fassen, als ihr mich als Taufpaten ausgewählt habt und ich verspreche, ich werde mich als würdig erweisen. Ich habe schon mal ein paar Barbies bestellt, auch wenn das sicher noch etwas dauern wird. Meinen herzlichsten Glückwunsch zur Taufe eures Kindes!

■ Dass ihr mich als Taufpatin für eure Susanne ausgewählt habt, ist eine ganz besondere Ehre für mich. Ich verspreche euch, dass ich immer an ihrer Seite sein werde. Egal zu welcher Tages- oder Nachtzeit sie mich brauchen sollte, ich werde für mein Patenkind da sein, weil ich es von Herzen lieb habe und nur sein Bestes will. Ich gratuliere euch und eurer Susanne zur Taufe.

Taufrede

Üblicherweise spricht kurz der Vater des Taufkinds, als Gastgeber. Eher selten ergreifen Paten und Großväter das Wort. Sofern es dem Redner glaubwürdig erscheint, sollten christliche Elemente eingebunden werden. Wenn der Vater beispielsweise regelmäßig in die Kirche geht, sollte er aus der Bibel zitieren, andernfalls eher nicht. Auch in einer Taufrede lässt sich zum Beispiel Goethe zitieren.

■ Ich danke euch allen, dass ihr gekommen seid, unsere kleine Emma an ihrem großen Tag zu begleiten – und ich finde, der jüngste Spross unserer Familie ist wirklich wunderschön geraten. Goethe sagte einmal über die Rose, sie sei „das Vollkommenste, das die Erde in unserem Klima hervorgebracht hat." Und genau das war auch mein Eindruck, als ich Emma zum ersten Mal sah. Das schönste und liebste Kind der Welt, einfach perfekt.
Mir wird es schwer fallen, ihr eine Bitte abzuschlagen, das weiß ich jetzt schon. Das ist aber auch kein Wunder: Unsere Tochter hat deine Augen und dein Lächeln, liebe Eva! Aber ich bin bereit, während sie heranwächst und wir sie gemeinsam erziehen, mutig und heldenhaft an deiner Seite zu stehen und mich auch nicht davon abbringen lassen, wenn unsere Tochter mich anlächelt oder bittend anschaut. Besonders mutig und heldenhaft werde ich sein, wenn es darum geht, Jungen aus unserer Wohnung zu vertreiben, die für

Emma sowieso nicht gut genug wären! Aber bis dahin ist ja noch sehr viel Zeit.
Ich hoffe und ich glaube aber, Eva, dass unsere Tochter auch deine Intelligenz, deinen Humor und dein Temperament geerbt hat, sowie alle anderen Eigenschaften, die ich so an dir bewundere: Güte, Aufrichtigkeit, Treue, Hilfsbereitschaft, Mitgefühl. Wir werden unserem Kind das Beste geben, was wir haben, vor allem unsere Liebe.
Liebe Familie, in diesem Sinne wünsche ich uns allen nun noch ein schönes Fest und bedient euch bitte reichlich am Büffet. Schließlich muss ich ja einige Expertenmeinungen einholen, welcher Brei wohl der Beste für mein Mädchen sein wird! Guten Appetit!

Glückwünsche von Kollegen und Vorgesetzten

Im Unterschied zur Verwandtschaft ist es nicht Aufgabe der Kollegen, das Taufkind auf seinem christlichen Lebensweg aktiv zu begleiten. Die Glückwünsche können deshalb weniger „bibelfest" ausfallen. Die Bedeutung der Taufe kann aber dennoch dargestellt werden.

■ Heute haben Sie Ihren Jonas in die Hände Gottes gegeben und ihn zu einem Mitglied der christlichen Gemeinschaft werden lassen. Dazu gratuliere ich Ihnen und Ihrem Sohn aufrichtig und wünsche eine schöne Feier im Kreise Ihrer Familie!

■ Getauft wurde heute euer Kind,
weshalb wir alle äußerst fröhlich sind.
Ein ganz besonderer Tag im Leben,
von euch an die Marie gegeben!
Dazu von Herzen gratulieren wir
euch auf diesem Wege hier.
Die Kollegen

■ Lieber Herr Schäfer, ich gratuliere Ihnen von ganzem Herzen zur Taufe Ihres Kindes. Aus Erfahrung weiß ich: Vater sein ist ein Fulltimejob. Aber ich bin ganz sicher, auch in dieser Branche werden Sie so gut sein wie in unserer. Mit den besten Glückwünschen, Ihr ...

Erstkommunion

Zur Kommunion gratulieren in der Regel nur Verwandte, Freunde und Nachbarn. Das Glückwunschschreiben können Sie an das Kommunionkind selbst richten. Mit der Kommunion wird das Kind als vollwertiges Mitglied in die Gemeinschaft der Christen aufgenommen, mit allen Rechten und Pflichten. Nach der Einschulung ist dies das nächste wichtige gesellschaftliche Ereignis im Leben eines katholischen Kinds. Sind Sie selbst katholisch, können Sie das Kommunionkind willkommen heißen. In jedem Fall können Sie das Kind beglückwünschen, nun schon so groß und reif zu sein.

Beispiele: Mit Bezug zum Christentum

■ Heute hast du den Leib und das Blut Christi empfangen und bist dadurch in unsere Gemeinschaft der Gläubigen aufgenommen worden! Ich gratuliere dir ganz herzlich und wünsche dir Gottes Segen auf allen deinen Wegen!

■ Ich gratuliere dir herzlich zu deiner Erstkommunion. Vertraue auf Gott, denn er wird dich mit unsichtbarer Hand leiten und auf die richtigen Pfade führen, weil er dich liebt, wie alle seine Kinder!

■ Du kennst bestimmt den Anfang von Psalm 27: „Der Herr ist mein Licht und mein Heil; vor wem sollte ich mich fürchten! Der Herr ist meines Lebens Kraft, vor wem sollte mir grauen!" Mit dem Sakrament der Heiligen Kommunion hast du das Licht, das Heil und die Gemeinschaft Gottes erhalten. Dazu gratuliere ich dir aus tiefstem Herzen.

■ Kommunion kommt von lateinisch „communio". Das bedeutet: Gemeinschaft. Du bist heute in die große globale Gemeinde der Christen aufgenommen worden. Gemeinsam mit vielen Hundert Millionen Menschen wirst du von Gottes himmlischer Hand beschützt und geleitet. Darüber freue ich mich und wünsche dir ganz herzlich alles Gute auf deinem weiteren Lebensweg!

Beispiele: Neutrale Glückwünsche

■ Zur Kommunion herzliche Glückwünsche und alles Gute für die Zukunft! Zum diesem besonderen Tag gratulieren wir dir, liebe Katrin, und deinen lieben Eltern recht herzlich! Möge es ein festlicher Tag werden, der dir für immer im Gedächtnis bleibt.

■ Alles Gute zu deiner Erstkommunion! Wir gratulieren dir von ganzem Herzen zu deinem großen Tag und wünschen dir, dass alle deine Hoffnungen und Träume bald in Erfüllung gehen!

Kommunionsrede

Wenn Sie als Vater oder Mutter eine kleine Rede halten, sprechen Sie Ihr Kind direkt an und loben Sie es. Es soll stolz auf die Feier sein und sich von allen akzeptiert fühlen. Am Tag der Kommunion ist es auf dem Lebensweg ein Stückchen weiter gekommen und hat ein bisschen mehr Sicherheit erworben. Signalisieren Sie, dass Sie ihm dabei auch weiterhin behilflich sein werden.

Beispiel: Begrüßung in der Gemeinschaft

■ Genau wie du stand ich hier fast auf den Tag genau vor 30 Jahren – bei meiner Kommunion! Alle hatten sich extra für mich besonders schön angezogen – genau wie wir das heute für dich tun. Liebe Gäste: Ich hatte damals zum ersten Mal in meinem Leben einen Anzug mit Krawatte an! Ich weiß noch ganz genau, irgendwie hatte ich den Eindruck: „Jetzt gehör' ich dazu." Und dieser Eindruck war richtig. Ab heute gehörst auch du dazu. Dir ist das Heilige Sakrament der Kommunion geschenkt worden. Das ist ein eine Gottesgnade – die Rechte und Pflichten mit sich bringt. Du hast jetzt zum ersten Mal vollen Anteil an der Gemeinschaft derer, die Christus angehören. Du hast sozusagen, wie man heutzutage sagen würde, „Login" und „Passwort" bekommen für die christliche „Community". Und das ist eine gute Community.

Für den heutigen Tag gilt: Deutschland hat den Superstar gesucht und gefunden – Christus hat dich gesucht – und gefunden. Lieber Sohn, du bist der Superstar unserer Feier, denn du hast dich für Gott entschieden! Und für uns. Wir sind darüber sehr froh – und – lieber Mike, wir sind sehr stolz auf dich.

Und nach all den Förmlichkeiten, die du nun hinter dich gebracht hast, wollen wir zum entspannten Teil des Tages übergehen! Deinem Fest! Darauf musstest du ja schließlich lange genug warten! Pack in aller Ruhe deine Geschenke aus, iss von deiner Riesentorte und genieße deinen Ehrentag! Wir haben dich lieb und sind stolz, so einen tollen Sohn zu haben!

Firmung und Konfirmation

Die katholische Firmung und die evangelische Konfirmation sind Bekräftigungen des Glaubens. Der Jugendliche wählt nun eigenständig den Weg, den seine Eltern mit der Taufe vorgegeben haben. Gratulieren Sie ihm dazu und erwähnen Sie den Sinn dieses Sakraments in Ihrem Glückwunschschreiben. Wünschen Sie alles Gute für den weiteren Weg zum Erwachsenwerden. Glückwünsche aus dem Bekanntenkreis der Eltern und aus der Nachbarschaft sind üblich. Verwandte schicken Geschenke und Glückwunschschreiben oder kommen zum Fest. Enge Verwandte und Paten gratulieren besonders feierlich, etwa mit einem passenden Gedicht, einem Psalm oder einem Bibelzitat.

Glückwünsche für Karten und kurze Briefe

- Heute ist ein ganz besonderer Tag! Du hast dich durch deine Firmung von der Kindheit verabschiedet und bist auf dem besten Weg, ein Erwachsener zu werden, auf den wir alle sehr stolz sein können. Dazu gratulieren wir dir von ganzem Herzen!

- Heute hast du den entscheidenden Schritt vom Kind zum Erwachsenwerden getan und deinen Glauben konfirmiert! Mit Gottes Hilfe wirst du den rechten Weg niemals aus den Augen verlieren! Zu deinem besonderen Tag gratuliere ich dir von ganzem Herzen und wünsche dir für deine Zukunft alles Gute!

- Du hast dich heute entschieden, als verantwortliches, vollwertiges Mitglied in die Gemeinschaft unseres Herrn einzutreten und dein Leben in seine Hände zu geben! Ich gratuliere dir dazu herzlich und wünsche dir für deinen Lebensweg alles erdenklich Gute und Gottes Segen!

- Der heutige Tag hat seinen stillen Segen,
die Stunde ihr besondres Licht.
Gehst du der Feier heut' entgegen,
vergiss die zarte Andacht nicht.
Der Kirche hoher Feierraum
ist heute festlich dir erschlossen.
Du gehst den Weg noch wie im Traum,
von hellem Jugendlicht umflossen.
Wir alle, die heut um dich sind,
erbitten für die Zukunft immer
des Herrgotts Schutz für dich, mein Kind,

und seiner Liebe warmen Schimmer.
Die Stunden werden schnell entgleiten.
Die Worte, die der Pfarrer spricht,
sie werden segnend dich begleiten
durchs Leben wie ein schönes Licht!
Herzlichen Glückwunsch und alles Gute zur Firmung!

■ Im Psalm 14:2,3 heißt es: „Der Herr schaut vom Himmel auf der Menschen Kinder, dass er sehe, ob jemand klug sei und nach Gott frage." Du bist sehr klug und du hast nach Gott gefragt. Er hat dir die Antwort gegeben: Ja! Dein Bund mit Gott ist heute gefestigt worden. Dazu meine herzlichen Glück- und Segenswünsche!

Kurze Ansprachen

Zum Anlass der Firmung oder Konfirmation passen Zitate christlichen Inhalts, die den Weg zu einer positiven Entwicklung weisen. Daran lassen sich dann gut eine Erklärung und ein Kompliment anschließen. In Ihrer Rede gehen Sie voller Lob darauf ein, was es schon alles gemeistert hat und spekulieren, was die Zukunft dem Kind noch Wunderbares bringen kann.

Beispiele: Zitate aus der Kirchenliteratur

■ Der große Kirchenlehrer Friedrich Daniel Schleiermacher hat einmal gesagt: „Sorge dich nicht um das, was kommen wird. Weine nicht um das, was vergeht. Aber sorge dich, dich selbst zu verlieren. Und weine, wenn du dahintreibst im Strome der Zeit, ohne den Himmel in dir zu tragen."

Ohne den Himmel in dir zu tragen! Liebe Gäste! Heute ist mit Brief und Siegel und mit dem Segen von ganz oben bestätigt, konfirmiert, dass meine Tochter den Himmel in sich tragen wird. Das ist nicht nur ein wichtiger, sondern ein ganz großer Tag für dich, liebe Nadja! Und wir alle wünschen dir, dass du immer den Himmel in dir trägst und dass es dir auch immer himmlisch gut geht! Aber das gelingt nur, wenn wir dir alle dabei helfen. Und da kannst du dich auf uns verlassen. Genau wie wir uns auf dich verlassen können! Liebe Nadja, in allen wichtigen Situationen, immer wenn es darauf ankommt, dann kann man sich hundertprozentig auf dich verlassen – darüber freuen sich auch besonders deine jüngeren Geschwister, um die du dich vorbildlich kümmerst!

...

Liebe Nadja, ich gratuliere dir zu deiner Firmung und wünsche dir für die Zukunft alles Gute! Neben all dem Neuen, was auf dich zukommen wird, wünsche ich dir: Hab' Spaß am Leben; ich bin sicher, auch Gott würde das wollen!

■ Lieber Andreas, ich weiß, du hast in den letzten Stunden schon gehört, dass du nun ein vollwertiges Mitglied der Gemeinschaft der Christen bist, dass nun der Ernst des Lebens beginnt und du von nun an immer verantwortungsvoll denken und handeln sollst. Ich will dir das jetzt nicht noch einmal sagen! Stattdessen sag ich dir lieber: Genieß die Zeit, die nun vor dir liegt. Deine Jugend! Genieß sie in vollen Zügen, denn sicher willst du nicht irgendwann auf dein Leben zurückblicken und sagen: „Als ich jung war, da hatte ich kaum Gelegenheit, mich mal so richtig zu amüsieren, denn ich war immer besorgt, ob ich auch alles richtig und verantwortungs-

voll mache!" Denk daran, mein Freund, aus Fehlern kann man nur lernen!
Deshalb möchte ich dir in diesem Sinne einfach nur sagen, Andreas, lass es krachen! Genieß deinen besonderen Ehrentag und die anschließende Feier mit deinen Freunden! Ich gratuliere dir von ganzem Herzen zu deiner Konfirmation!

Jugendweihe

Die Jugendweihe ist eine ursprünglich frei-religiöse, und inzwischen nichtkirchliche Alternative zur Firmung oder Konfirmation. Mitte des 19. Jahrhunderts entstanden, wird sie heute noch vor allem im Osten Deutschlands gefeiert. Richten Sie Ihre Gratulation an den Jugendlichen und loben Sie ihn dafür, dass er einen Meilenstein auf dem Weg zum Erwachsensein hinter sich gebracht hat. Wer erwachsen wird, ist für sein Handeln immer stärker selbst verantwortlich. Auch darauf können Sie in Ihren Glückwünschen hinweisen.

Glückwünsche für Karten und kurze Briefe

■ Die Jugendweihe ist ein wichtiger Schritt in deinem Leben, denn von nun an bist du fast schon erwachsen! Dazu gratuliere ich dir von ganzem Herzen und wünsche dir, dass du alle deine weiteren Schritte klug, überlegt und erfolgreich gehst.

■ Ich gratuliere dir ganz herzlich zu deiner Jugendweihe! Vertrau auf deine Fähigkeiten, hör auf dein Herz und glaube deinem Verstand – dann wirst du niemals scheitern!

■ Der Erfinder der Jugendweihe, Eduard Baltzer, wurde 1884 zu Festungshaft verurteilt, weil er in einem Zeitungsartikel den preußischen Kronprinz der Barbarei bezichtigt hatte. Und zwar wegen dessen Teilnahme an einer Hetzjagd. Erwachsen werden heißt, seine Meinung zu vertreten – auch gegen Widerstände. Vergiss das niemals und stehe immer zu deiner Meinung.

■ Die Jugendweihe ist etwas ganz Besonderes im Leben, aber mit einer großen Menge Verantwortung verbunden, denn schließlich wirst du langsam erwachsen. Genieße heute deinen großen Tag mit uns und all deinen Freunden! Ich gratuliere dir ganz herzlich.

Reden zur Jugendweihe

■ Liebe Carolina, nun hast auch du den entscheidenden Schritt getan! Einen Schritt dem Erwachsensein entgegen. Natürlich bist du noch nicht ganz erwachsen, und ich denke, das wird auch noch ein Weilchen dauern. Aber bitte bewahre dir all die Dinge, die dir auf dem Weg dorthin in der nächsten Zeit widerfahren werden, im Herzen. Sie sind wertvoll, als Erfahrung und als Erinnerung; denn möglicherweise können sie dir irgendwann einmal helfen, zu verstehen, wer du bist.
Liebe Carolina, ich gratuliere dir ganz herzlich zu deiner Jugendweihe! An dieser Stelle verspreche ich dir eine Sache nun ganz fest! Egal, was auch passieren mag, ich werde immer für dich da sein und an deiner Seite stehen, weil ich dich von ganzem Herzen liebe!

■ Natürlich kann niemand sagen, was unsere Zukunft bringen wird, lieber Christoph, aber immerhin liegt es auch an uns, sie aktiv zu gestalten. Für deinen weiteren Lebensweg wünsche ich dir Geduld, zu akzeptieren, was sich nicht ändern lässt; Verstand, um zu verstehen, aus welchem Grund Dinge geschehen; Mut, zu verändern, was dir nicht gefällt; und Freude, um alles als ein Geschenk zu sehen, das möglicherweise jeden Tag zum Besten deines Lebens machen kann! Ich gratuliere dir zu deiner Jugendweihe!

Zitate und Geschichten

Zitate sind vielfältig einsetzbar: als Einstieg oder Schluss für Karten, Briefe und Reden. Sie geben dem Glückwunsch eine persönliche, herzliche oder je nach Zitat auch eine seriöse Wirkung. Man kann ein passendes Zitat sogar als roten Faden für die gesamte Rede nutzen.

Zur Geburt

„Ich wurde als ganz kleines Kind geboren. Meine Mutter schenkte mich meinem Vater, damit er sich freute."
Kurt Schwitters (1887–1948), deutscher Maler und Schriftsteller

„Mit jedem Menschen ist etwas Neues in die Welt gesetzt, was es noch nicht gegeben hat, etwas Erstes und Einziges."
Martin Buber (1878–1965), Religionsforscher und -philosoph

„Jedem Anfang liegt ein Zauber inne, der uns beschützt und der uns hilft zu leben."
Hermann Hesse (1877–1962), deutscher Dichter und Literatur-Nobelpreisträger

„Kinder sind wie ein Buch, in dem wir lesen und in das wir schreiben sollten."
Peter Rosegger (1843–1918), österreichischer Schriftsteller

„Drei Dinge sind uns aus dem Paradies geblieben: Sterne, Blumen und Kinder."
Dante Alighieri (ca. 1265–1321), italienischer Dichter und Philosoph

„Ein Kind ist sichtbar gewordene Liebe."
Novalis (1772–1801), Georg Friedrich Philipp Freiherr von Hardenberg, deutscher Schriftsteller und Philosoph

„Es gibt keine großen Entdeckungen und Fortschritte, solange es noch ein unglückliches Kind auf Erden gibt."
Albert Einstein (1879–1955), deutscher Physiker und Physik-Nobelpreisträger

„Was eine Kinderseele aus jedem Blick verspricht?
So reich ist doch an Hoffnung ein ganzer Frühling nicht."
August Heinrich Hoffmann von Fallersleben (1798–1874), deutscher Dichter und Autor der deutschen Nationalhymne

Zu Hause wird der kleine Bruder von Meister Radtke aus der Nachbaretage beglückwünscht: „Is det denn nischt, Paule? Een kleenet Schwesterchen, wa?" – „Soll schon wat sein.

Keen anständijet Fernsejerät im Hause, aba für so'n Quatsch is Jeld da." *Unbekannt*

Zur Taufe

„Wir können die Kinder nach unserem Sinne nicht formen; so wie Gott sie uns gab, so muss man sie haben und lieben."
Johann Wolfgang von Goethe (1749–1832)

„Die Strasse komme dir entgegen. Der Wind stärke dir den Rücken. Die Sonne scheine warm dir ins Gesicht. Der Regen falle sanft auf dein Feld. Bis wir uns wieder sehen, berge Gott dich in der Tiefe seiner Hand."
Irischer Segensspruch

Zur Firmung und Konfirmation

Der Herr ist mein Licht und mein Heil; vor wem sollte ich mich fürchten! Der Herr ist meines Lebens Kraft, vor wem sollte mir grauen! *Psalm 27,1*

„Der Herr schaut vom Himmel auf der Menschen Kinder, dass er sehe, ob jemand klug sei und nach Gott frage." *Psalm 14,2*

„Sorge dich nicht um das, was kommen wird. Weine nicht um das, was vergeht. Aber sorge dich, dich selbst zu verlieren. Und weine, wenn du dahintreibst im Strome der Zeit, ohne den Himmel in dir zu tragen."
Friedrich Daniel Ernst Schleiermacher (1768–1834), deutscher Theologe, Philosoph und Pädagoge

Reime zur Jugendweihe

Heute wurdest du geweiht,
nun sei auch auf das Leben bereit,
das kann dir geben schöne Tage
aber auch Tage voller Klage.
Diese zu meistern liegt an dir,
doch sei gewiss wir helfen dir
drum genieß' dein Leben
versuch immer nach vorn zu streben
dann bleibt dir alles offen
und du kannst aufs Beste hoffen.
Unbekannt

Mein Sohn, bevor wir von der Hühnerkeule
zu Kalbs- und Schweinebraten übergehn,
gestatte, dass ich mir das Wort erteile.
Ich bin gerührt, doch glaub nicht, dass ich heule,
denn heute könnt' ich dich nicht feixen sehn.
Moral verdaut man besser vor dem Essen.
Drum nutze ich die letzte Möglichkeit.
Es ist dein Tag, doch darfst du nicht vergessen,
man kann ihn nicht am Wert der Gaben messen,
die man dir heut zur Jugendweihe weiht.
Zum Moped wird es sicherlich nicht reichen,
obwohl der Onkel Heinz nicht kleinlich war.
Doch ließest du dich nach dem Fest erweichen,
das Holz zu hacken und den Zaun zu streichen,
so klappte es vielleicht im nächsten Jahr.
Man hat dich heute Morgen reif gesprochen.

Nun trag die Würde stolz und unverzagt.
Ich rechne zwar nicht gleich mit Flitterwochen,
doch wenn du willst, dann kannst du darauf pochen,
dass man Kollege Krause zu dir sagt.
Doch mit den Rechten kommen auch die Pflichten.
Die Weihe selbst war nur ein Richtefest.
Noch gibt es manche Ritze zu verdichten.
Es liegt bei dir, das Haus so einzurichten,
dass es sich ehrenvoll drin wohnen lässt.
Und nun entfaltet wieder die Serviette.
Du aber, Junge, sei dir stets bewusst:
Das Herz und nicht die erste Zigarette
macht dich zum Glied in jener großen Kette, in der du deinen Wert beweisen musst.
Hans Krause, „Rendezvous mit der Zeit“

Berufliche Anlässe

Glückwunschschreiben im Beruf sind ein Erfolgsfaktor. Von der Kunden-Kontaktpflege bis zur Mitarbeiter-Motivation: Gratulationen erfüllen viele Aufgaben.

In diesem Kapitel lesen Sie, wie Sie

- Ihren Mitarbeitern zum Jubiläum (S. 88 ff.), zur Beförderung (S. 91) oder zur Verabschiedung (S. 92 ff.) Dankeschön sagen,
- Geschäftspartnern und wichtigen Kunden zu deren Firmenjubiläum gratulieren (S. 96 ff.).

Mitarbeiterjubiläum

Als Vorgesetzter danken Sie einem langjährigen Mitarbeiter für seine Arbeit und für die kollegiale Unterstützung. Begehen Sie nicht den Fehler, die Zahl seiner Jahre zu sehr zu betonen, sondern nennen Sie möglichst seine Erfolge. Denn der Mitarbeiter darf auf seine gute Arbeit stolz sein und nicht auf die pure Zahl seiner „Dienstjahre". Glückwünsche sind üblicherweise fällig ab zehn Jahren Firmenzugehörigkeit, und danach bei allen Dienstjubiläumszeiträumen, die durch fünf teilbar sind. Schon das „Fünfjährige" kann aber mit einem Glückwunschschreiben bedacht werden. Schließlich bietet jede Gratulation eine hervorragende Gelegenheit zur Mitarbeitermotivation.

Beispiele: Dank

- Ich danke Ihnen! Seit vielen Jahren lang bereichern Sie unsere Firma mit Ihrer Kompetenz und Ihrem Engagement. Ich gratuliere Ihnen deshalb herzlich zu 25 erfolgreichen Jahren und hoffe, noch viele Jahre mit Ihnen zusammenzuarbeiten.

- Heute ist Ihr 20jähriges Jubiläum in unserer Firma und ich gratuliere Ihnen dazu recht herzlich! Seit 20 Jahren haben Sie berufliche Erfolge erlebt und mit errungen und ich bin fest davon überzeugt, dass sich das in Zukunft nicht ändern wird!

- In der heutigen Zeit ist es ja leider nicht ganz einfach, fachliche kompetente und menschlich wertvolle Kollegen zu finden. Aber wir hatten Glück. Denn Sie sind zu uns gekommen. Wir danken Ihnen für Ihre vielen Jahre hervorragender Leistungen und erfolgreicher Zusammenarbeit – und freuen uns mit Ihnen auf die nächsten Jahre!

- Liebe Elsa, ich gratuliere dir zu deinem zehnjährigen Firmenjubiläum und hoffe, dass du mir noch mindestens weitere zehn Jahre erhalten bleibst. Ohne dich wären auch die After-Work-Parties nicht dieselben, du Dancing-Queen!

Beispiele: Dank an Teamleiter oder Geschäftspartner

- Wie haben Sie Ihre viele Arbeit nur unter einen Hut bringen können? Ich denke, dass ich Ihr Geheimnis kenne, denn ich weiß: Nur mit einem starken Team im Hintergrund ist es möglich, wichtige Aufgaben meisterhaft zu bewältigen. Und so richtet sich mein Dank nicht nur an Sie, sondern auch an Ihre Familie, insbesondere aber an Ihre liebe Angelika! Ihnen allen danke ich – und wünsche alles Gute!

- Seit 15 Jahren unterstützen Sie unsere Firma mit erstaunlicher Kompetenz, hervorragenden Fähigkeiten – und, was am wichtigsten ist: mit einer großen Menge Herzblut! Dafür dankt Ihnen Ihr ganzes Team und wir finden, es muss einmal gesagt werden: Die Firma wäre ohne Sie nicht dieselbe!

Kurze Ansprachen

Sie können direkt mit einem Dankeschön oder mit einem Zitat bzw. einem Motto einsteigen.

- Vor 2500 Jahren wurde ein falscher Satz gesagt, den wir heute noch hören. Der falsche Satz stammt von einem griechischen Philosophen und er lautet: „Die Zahl ist das Wesen aller Dinge." Nun, natürlich sind Zahlen wichtig, ob nun in der Bilanz oder auf der Gehaltsabrechnung und Zahlen haben eine gewisse Macht. Das erleben wir auch heute: Zahlen wie 25, 30 oder 40 und sogar 50 haben bewirkt, dass wir hierher gekommen sind. Doch der griechische Philosoph irrte mit seinem Satz. Zahlen, meine sehr geehrten Damen und Herren, sind nicht das Wesen aller Dinge, Zahlen sind nicht das Wesen dieser Veranstaltung! Wesentlich ist vielmehr, was hinter den Zahlen steckt, was die Ziffern höchstens andeuten können. Nämlich, dass Sie, liebe Jubilare, einen großen Teil Ihres Lebens, Ihrer Kraft, Ihrer Gedanken für unsere Firma und damit für Ihre Kollegen gegeben haben – und wie viel das wert ist, was das bedeutet, kann kein Mensch in Zahlen ausdrücken. Man kann es wirklich nicht ermessen!

Der Schauspieler Jack Nicholson hat einmal gesagt: „Älter werden heißt, besser werden." Ich glaube, dass das stimmt. Auch deshalb erlaube ich mir, Sie um etwas zu bitten: Ob Sie noch lange im Betrieb aktiv sind oder bald in den Ruhestand gehen: Bitte helfen Sie Ihrer Firma, als Vorbilder, als Repräsentanten unseres Unternehmens! Sie sind unsere beste Werbung – denn Sie, liebe Jubilare, Sie verkörpern die Werte, die unsere Firma wirklich erfolgreich machen! Danke für Ihre hervorragende Arbeit!

Im Namen der gesamten Geschäftsführung, im Namen aller Kollegen. Wir danken Ihnen für Ihren Einsatz, für Ihren Mut, für Ihre Loyalität. Und ich freue mich, dass Sie sich die Zeit genommen haben und hergekommen sind, diesen Dank entgegenzunehmen. Herzlichen Dank an Sie und darauf möchte ich jetzt mit Ihnen anstoßen!

■ Vielleicht erinnern Sie sich heute daran, wie Sie angefangen haben. An Ihren ersten Tag in unserer Firma. Wie auch immer er verlaufen ist, in den folgenden 20 Jahren haben Sie Ihren persönlichen Teil beigetragen zur Erfolgsgeschichte unserer Firma. Die Erfolge verdankt unsere Firma Ihnen, liebe Jubilare. Ich danke Ihnen dafür ganz herzlich.

Beförderung

Bei Kollegen, die Ihnen nahe stehen, kommt ein Glückwunschkarte zur Beförderung gut an. Bei wichtigen Beförderungen sind ein paar Worte des Vorgesetzten angebracht.

Glückwünsche für Karten und kurze Briefe

■ Sehr geehrter Herr Gut, ich habe Ihnen ja immer gesagt, Ihre harte Arbeit, Ihre hohe Kompetenz und Ihr hilfreiches Engagement werden sich auszahlen! Sie sehen, ich hatte Recht. Denn nun sind Sie der jüngste Teamleiter, den unsere Firma je gesehen hat – und Sie werden letztendlich auch der beste sein; davon bin ich überzeugt. Ich gratuliere Ihnen zu dieser großartigen Leistung und wünsche Ihnen für Ihre Karriere weiterhin viel Erfolg. Mit den besten Grüßen, ...

■ Bereits bei unserer ersten Begegnung, lieber Kollege Steffens, war ich davon überzeugt, dass du es weit bringen würdest. Du hast nämlich zuerst einmal zielstrebig, hoch motiviert und engagiert in der Chefetage nach deinem Büro gesucht. Ich gratuliere dir ganz herzlich zu deiner Beförderung und kann nur sagen, gut gemacht! Da sieht man es mal wieder, wer nach den Sternen greift und sich ein wenig streckt, der erreicht sie auch! Mit bestem Glückwunsch, dein Kollege …

Kurze Beförderungsrede

■ Liebe Kollegen, es ist soweit, jemand aus unserem Team hat seine wohlverdiente Beförderung bekommen. Nämlich Sie, Frau Andersen! Herzlichen Glückwunsch zu dieser phantastischen Leistung. Sie haben sich die Beförderung wirklich verdient, man musste Sie ja beinahe gewaltsam von Ihrem Schreibtisch loseisen! Nichtsdestoweniger war es für uns eine große Ehre, mit Ihnen arbeiten zu dürfen, denn Sie waren immer ein Vorbild an Einsatzbereitschaft, Kompetenz und Leistungsfähigkeit. Wir wünschen Ihnen für die Zukunft nur das Beste und freuen uns schon darauf, Sie in der Chefetage zu sehen. Aber bitte vergessen Sie uns nicht, während Sie die Karriereleiter immer weiter hinaufklettern! Wir gratulieren Ihnen zu Ihrer Beförderung.

Verabschiedung und Pensionierung

Manchmal müssen Mitarbeiter verabschiedet werden. Sie wechseln die Abteilung oder gehen zu einem anderen Unternehmen, manche machen sich selbständig oder widmen sich neuen Lebensaufgaben. Doch auch beim Eintritt in den Ruhestand gilt: Von nichts kommt nichts. Betonen Sie, dass sich der Mitarbeiter seinen Ruhestand hart verdient hat. Möchten

Sie Ihrem Glückwunsch eine sehr persönliche Note geben, erinnern Sie daran, wann Sie den Mitarbeiter zum ersten Mal gesehen haben und wie Sie sich kennen gelernt haben.

Kurze Karten oder Briefe

Beispiele: Verabschiedung

- Mit Ihrem Abschied von dieser Firma lassen Sie viele Mitarbeiter und Freunde hinter sich zurück! Wir alle sind dankbar dafür, dass wir mit Ihnen zusammenarbeiten und viel von Ihnen lernen durften. Wir wünschen Ihnen für Ihre Zukunft alles Gute und für Ihre berufliche Zukunft viel Erfolg.

- Zum Abschied wünsche ich Ihnen von Herzen alles Gute und danke Ihnen für Ihre außergewöhnliche Arbeit! Sie haben Beeindruckendes bei uns geleistet und ich wünsche Ihnen, dass Sie in Ihrer neuen Firma genauso viel bewegen werden. Mit herzlichen Grüßen, ...

Beispiele: Pensionierung

- Sie haben es geschafft! Zu Ihrer Pensionierung gratuliere ich Ihnen von Herzen und wünsche Ihnen einen erholsamen, hochwohlverdienten Ruhestand!

- Nach so vielen Jahren harter und vor allem erfolgreicher Arbeit haben Sie sich ihre Pensionierung mehr als verdient. Meinen recht herzlichen Glückwunsch! Ich hoffe, Sie werden sich von nun an völlig den privaten Freuden des Lebens hingeben! Alles Gute wünscht Ihnen ...

■ Eins ist klar: Sie werden uns fehlen. Lassen Sie sich mal wieder bei uns blicken, unsere Türen stehen Ihnen immer offen! Wir werden versuchen, in Ihre Fußstapfen zu treten und Ihr Werk fortzuführen. Auf ein baldiges Wiedersehen und alles Gute für Ihren Unruhestand.

■ Nach so vielen Jahren harter Arbeit haben Sie sich die Erholung wirklich verdient. Doch wir lassen Sie nur mit einem lachenden und einem weinenden Auge gehen, denn mit Ihnen geht auch ein Stück unserer Firma. Sie werden immer ein Beispiel für uns alle sein! Wir wünschen Ihnen nur das Beste!
Ihr Team

Kurze Ansprachen

Für eine persönliche Einleitung bietet sich ein charmantes Wortspiel mit dem Namen des Pensionärs an. Vielleicht passt zur Tätigkeit des Mitarbeiters ein Bild aus einer Fabel oder aus der Tierwelt? Spielen Sie mit Bildern und Vergleichen. Sprechen Sie die Person auf jeden Fall direkt an und loben Sie sie mit Adjektiven wie „sympathisch“, „fleißig“, „erfolgreich“. Dank und gute Wünsche für die Zukunft sind das A und O einer Abschiedsrede und können daher am Anfang und am Ende stehen. Eigentlicher Zweck einer Abschiedsrede ist aber etwas anderes: Der Mitarbeiter soll als gutes Beispiel für die anderen Kollegen dargestellt werden.

Beispiel: Wortspiel mit dem Namen

■ Liebe Kollegen! Der Fuchs gehört ja bekanntlich zu den cleveren Beutetieren. Sehr verehrter Herr Abteilungsleiter – lieber Kollege Fuchs! Du beweist deine Schläue noch täglich

auf unseren Beutezügen nach Marktanteilen. Aber du hast clever vorgesorgt, denn nachdem du für uns schon so viel fette Beute an Land gezogen hast, darfst du dich nun wohlverdient in deinen privaten Fuchsbau zurückziehen! Genieße deinen baldigen Ruhestand und bewahre dir die Schlauheit, die du uns immer wieder bewiesen hast. Danke, dass wir so viel von dir lernen durften.
Wir wünschen dir von Herzen alles Gute – denn wir haben dir viel zu verdanken. Wir danken dir für deine absolute Loyalität – die Loyalität eines Mannes, der seiner Firma bald ein halbes Jahrhundert lang treu geblieben ist! Der immer zur Stelle ist, wenn Hilfe gebraucht wird, der immer ein offenes Ohr für die Probleme anderer hatte und immer einen versiegelten und verschlossenen Mund hatte, wenn man ihm ein Geheimnis anvertraute. Darauf zum Abschied ein herzliches Dankeschön und ein Prosit!

Beispiel: Sonniger Ruhestand

■ Wir wissen ja, liebe Kollegen: Das Leben ist ein stetiges Auf und Ab. Nach Regen folgt Sonnenschein! Doch für dich, lieber Friedrich, scheint nun für immer die Sonne! Du kannst jetzt zu Mittag essen, wann du willst, wo du willst und so oft du willst! Und du musst keinen Schreibtisch mehr so in Ordnung halten, dass man mit dem Millimetermaß kontrollieren könnte, dass tatsächlich alles hochexakt seinen Platz hat. Auch musst du morgens nun nicht mehr früh aufstehen, sondern kannst dich noch mal umdrehen und weiterschlafen. Obwohl du wahrscheinlich, wie wir dich kennen, den Tag auch im Ruhestand froh und frisch, munter und gut gelaunt

und vor allem ganz früh beginnen wirst! Das wünschen wir dir auch, lieber Friedrich: Wir, deine Kollegen wünschen dir, dass du froh und munter bleibst und deinen Ruhestand lange genießen kannst!
Lieber Friedrich, du hast mich gefördert und auf mich gebaut. Und wenn ich total gestresst war, dann hast du mich mit deiner ruhigen, ausgeglichenen Art stets wieder beruhigt. Ich danke dir, lieber Friedrich, du warst nicht nur ein toller Chef, sondern du bist für mich auch zu einem Freund geworden. Und einem Freund darf ich auch ganz offen sagen, dass er sich bitteschön fit und gesund halten möge, damit er noch lange lebt! Vielleicht noch ein bisschen mehr joggen ... und mehr Fußballspielen! Auf dich, wir stoßen an auf deine Gesundheit, auf dein Wohl – prosit! Dankeschön!

Firmenjubiläen

Die meisten Firmen feiern als Erstes ihr zehnjähriges Bestehen, manche auch 15 Jahre, es folgen 20, 25 und bei Traditionsunternehmen auch 50, 100 und 150 Jahre. Bekannt wird dies häufig lange vorher durch Rabattaktionen oder Einladungen zu Jubiläumsfesten. Als Geschäftspartner gratulieren Sie schriftlich zum Jubiläum und bedanken Sie sich für die gute Zusammenarbeit und für die hervorragenden Leistungen der Firma. Bei Feiern anlässlich des eigenen Firmenjubiläums loben Sie in leitender Funktion die herausragenden Leistungen Ihrer Mitarbeiter.

Glückwünsche von Geschäftspartnern

Beispiele: Kompetenz hervorheben

■ Ihrem enormen Fachwissen, Ihrer Kompetenz und Ihrem Einsatz ist es zu verdanken, dass Ihre Firma heute zehnjähriges Jubiläum feiern kann! Ich beglückwünsche Sie ganz herzlich zu dieser Leistung und bedanke mich für unsere hervorragende Zusammenarbeit.

■ Heute feiert Ihr Unternehmen sein 20. Jubiläum. Herzlichen Glückwunsch zu Ihrem selbstlosen Einsatz, Ihrem unbeugsamen Arbeitswillen und Ihren fantastischen Erfolgen! Wir wünschen Ihnen eine mindestens ebenso erfolgreiche Zukunft und freuen uns auf die weitere Zusammenarbeit!

■ „Das Außerordentliche", sagte Goethe, „geschieht nicht auf glattem, gewöhnlichem Wege." Sie haben den außerordentlichen Erfolg Ihres Unternehmens auf schwierigen, steinigen Wegen erreicht und darauf dürfen Sie sehr stolz sein!

Beispiele: Gratulation und Dank

■ Der Gründer der SOS-Kinderdörfer, Hermann Gmeiner, hat einmal gesagt: „Alles Große in unserer Welt geschieht nur, weil jemand mehr tut, als er muss!" Dies trifft auch auf Sie zu, denn heute ist es ganz und gar nicht mehr selbstverständlich, sich so selbstlos wie Sie für berufliche Ziele einzusetzen. Ich bedanke mich für die gute Zusammenarbeit und beglückwünsche Sie zu Ihrem 25-jährigen Firmenjubiläum!

■ Ich beglückwünsche Sie, wünsche Ihnen weiter so außerordentlichen Erfolg und ich wünsche mir, dass Sie mir noch lange als so ausgezeichneter Kooperationspartner zur Verfügung stehen.

■ Nicht jeder kann erfolgreich ein Unternehmer leiten, denn dazu bedarf es Kompetenz und besonders auch großer menschlicher Qualitäten! Sie haben beides, denn sonst wäre Ihre Firma nicht so erfolgreich, wie sie es heute ist! Ich beglückwünsche Sie zu Ihren großen Leistungen, sage ein herzliches Dankeschön für unsere partnerschaftliche Zusammenarbeit und wünsche Ihnen auch für die nächsten Geschäftsjahre das Allerbeste!

Reden

Bei Firmenjubiläen werden meist viele Reden gehalten. Von Unternehmensseite spricht neben dem Geschäftsführer bzw. Vorstandsvorsitzenden oft auch der Gründer oder Aufsichtsratsvorsitzender; ein Ehrengast kann die Haupt-Festrede halten; Vertreter von Kunden, Geschäftspartnern und Verbänden ergreifen das (Gruß-)Wort – und der Betriebsrat steuert manchmal ebenfalls ein Wörtchen bei. Ist nach den vielen Reden ein Festessen geplant, könnten die hungrigen Gäste ungeduldig werden ... Für Ihre Rede gilt daher: Fassen Sie sich möglichst kurz! Zum Ausklang einer Jubiläumsrede passen Zukunftswünsche, wie „noch oft als Sieger gemeinsam durchs Ziel gehen" und andere Bilder zur künftigen Zusammenarbeit.

Beispiel: Erfolgreicher Sieger des Rennens

■ Lieber Herr Schreiber, einen unerwarteten Ausgang nahm kürzlich ein Pferderennen in England. An einem Graben

stürzten zwei Pferde gleichzeitig. Einer der Jockeys rappelte sich blitzschnell wieder hoch, schwang sich wieder auf sein Pferd und passierte als Erster das Ziel. Sieger wurde er trotzdem nicht. Er hatte in der Eile das falsche Pferd erwischt. Herr Schreiber, das wäre Ihnen nicht passiert! Sie haben immer auf das richtige Pferd gesetzt – auch bei der Wahl Ihrer Geschäftspartner! Auch deshalb dürfen Sie heute ein stolzes Jubiläum feiern.
In diesem Sinne bedanke ich mich, dass wir, dank der Zusammenarbeit mit Ihnen, immer geschafft haben, jeden Oxer und Wassergraben souverän zu nehmen und niemals Sporen, Peitsche oder Gerte einsetzen mussten. Ich beglückwünsche Sie zu Ihren Leistungen und freue mich schon auf die nächsten gemeinsamen Rennen!

Beispiel: Erfolgsrezepte

■ Erfolg basiert, so sagt man, zum einen auf harter Arbeit und zum anderen auf einer kleinen Portion Glück! Beides scheint bei Ihnen ausreichend vorhanden zu sein! Das sieht man, wenn man sich Ihr Unternehmen betrachtet, das nun schon seit einem Vierteljahrhundert erfolgreich besteht.

Beispiel: Glückwünsche an ein Verbandsmitglied

■ Sehr verehrte Damen, sehr geehrte Herren, liebe Gäste!
Hochverehrtes Ehepaar Meier – im Namen unseres Verbands gratuliere ich Ihnen und Ihrem Team – und damit gratuliere ich Ihnen auch im Namen Ihrer Konkurrenz. Denn im Namen von Hunderten Ihrer Mitbewerber, die in unserem Verband organisiert sind, beglückwünsche ich Sie heute von Herzen.

Viele unserer Mitglieder kennen Sie persönlich – und damit kennen, schätzen, ja lieben sie die gradlinige, korrekte und sportlich faire Art und Weise, wie hier die Geschäfte geführt werden. Ihre Mitbewerber wissen: Hier im Hause Meier widmet man seine unternehmerische Kraft nicht nur dem eigenen Geschäft. Sondern Sie schenken Ihre Kraft auch der Gemeinschaft der Kollegen in unserem Verband – aufgrund Ihres hoch engagierten Mitwirkens in unseren Gremien über viele Jahre hinweg!
Und dürfte ich mir zum Geburtstag Ihres Hauses etwas wünschen, dann wünsche ich mir: Bitte bleiben Sie weiter bei uns an Bord. Bleiben Sie unser Vorbild und unser Aushängeschild! Sie haben ja die Weichen für eine erfolgreiche Zukunft gestellt. Ihre Nachfolger haben Ihr Erbe hervorragend angetreten. Der Erfolg geht gewiss weiter und ein wunderbarer Ertrag des Meierschen Erfolgs besteht auch darin, dass wir unser Jubiläum heute in wunderschönem Ambiente feiern. Sie beglücken uns hier mit wunderbaren kulinarischen Köstlichkeiten, die schon auf uns warten – und die wollen wir jetzt auch nicht länger warten lassen!

Glückwünsche an die eigenen Mitarbeiter

Diese Gratulation wird oft vergessen – dabei ist sie die wichtigste bei einem Firmenjubiläum! Nur weil die Mitarbeiter gut arbeiten, kann die Firma bestehen. Das sollten Sie den Mitarbeitern deutlich machen. Am besten senden Sie einen

Gratulations- und Dankesbrief an jeden einzelnen Mitarbeiter, per Briefpost an seine Privatanschrift.

- Liebe Kollegen in der Fertigung! Vor nunmehr 25 Jahren wurde unsere Firma gegründet und Sie haben seitdem unermüdlich phantastische Arbeit geliefert! Dazu gratuliere ich Ihnen allen und bedanke mich herzlich für Ihren Einsatz und Ihren Teamgeist!

- Liebe Mitarbeiter und Kollegen, ein Haus besteht aus vielen einzelnen Steinen. So wie auch eine Firma aus vielen einzelnen, wichtigen Persönlichkeiten besteht. Sie alle sind das Fundament, das unser Unternehmen seit 15 äußerst erfolgreichen Jahren trägt und mit dem es steht und fällt! Ich danke Ihnen von Herzen für Ihre hervorragenden Leistungen, für Ihr hohes Engagement und Ihren tollen Einsatz!

- Liebe Kollegen, denke ich an unser Unternehmen, dann kommt mir das Bild eines Ameisenhaufens in den Sinn: Tausende von fleißigen Helfern arbeiten in vielen verschiedenen Abteilungen zusammen, um gemeinsam Großes zu erschaffen! Für Ihre hervorragenden Leistungen, Ihren Teamgeist und Ihren Einsatz danke ich Ihnen allen, denn ohne Sie wäre der Erfolg unseres Ameisenstaates gar nicht möglich!

Zitate

Humorvolle Zitate

„Hinter den meisten erfolgreichen Männern steht eine Frau, die sie vorwärts schiebt."
Bob Hope (1903–2003), amerikanischer Komiker

„Erfolg kommt von etwas Sein, etwas Schein und etwas Schwein."
Philip Rosenthal (1916–2001), deutscher Unternehmer und Politiker

„Erfolg ist das Kind der Keckheit"
Erich Kästner (1899–1974), deutscher Schriftsteller

Ernste Zitate

„Courage ist gut, aber Ausdauer ist besser.
Ausdauer, das ist die Hauptsache."
Theodor Fontane (1819–1898), deutscher Erzähler

„Langfristig sind Sie nur erfolgreich, wenn Sie wissen, warum Sie erfolgreich sind."
*Rupert Lay (*1929), deutscher Theologe und Philosoph*

„Man muss das Unmögliche versuchen, um das Mögliche zu erreichen."
Hermann Hesse (1877–1962), deutscher Dichter und Literatur-Nobelpreisträger

„Große Werke werden nicht durch Gewalt sondern durch Ausdauer vollbracht. Derjenige, der mit Entschlossenheit drei

Stunden pro Tag vorangeht, wird in sieben Jahren eine Entfernung so groß wie den Erdumfang hinter sich bringen."
Samuel Johnson (1709–1784), englischer Dichter und Literaturkritiker

„Ob du denkst, du kannst es, oder du kannst es nicht: Du wirst auf jeden Fall recht behalten."
Henry Ford (1863–1947), amerikanischer Großindustrieller

„Um große Erfolge zu erreichen, muss etwas gewagt werden."
Helmuth von Moltke (1800–1891), preußischer Feldherr

„Wenn du eine Stunde mehr am Tag arbeitest als deine Konkurrenten, dann muss es klappen, sagte mein Vater immer."
Alfred Herrhausen (1930–1989), deutscher Bankier

„Man ist entweder heiß oder kalt. Wenn man lauwarm ist, wird einen der Herr ausspucken."
*Jerry Lee Lewis (*1935), amerikanischer Rock'n'Roll-Musiker*

„Um nach vorne zu kommen und dort zu bleiben, kommt es nicht darauf an, wie gut du bist, wenn du gut bist, sondern wie gut du bist, wenn du schlecht bist."
*Martina Navratilova (*1956), amerikanische Tennisspielerin*

„Der Schlüssel zum Erfolg sind nicht Informationen. Das sind Menschen."
*Lee Iacocca (*1924), amerikanischer Manager*

„Der Preis des Erfolgs ist Hingabe, harte Arbeit und unablässiger Einsatz für das, was man erreichen will."
Frank Lloyd Wright (1869–1959), amerikanischer Architekt

„Ein Geheimnis des Erfolgs ist, den Standpunkt des anderen zu verstehen."
Henry Ford (1863–1947), amerikanischer Großindustrieller

„Erfolg hat nur, wer etwas tut, während er auf den Erfolg wartet."
Thomas Alva Edison (1847–1931), amerikanischer Erfinder und Industrieller

Für Wettbewerbssieger und Preisträger

Wer auf dem Siegertreppchen steht, freut sich zu hören, dass sich auch andere über den privaten oder beruflichen Erfolg freuen.

In diesem Kapitel finden Sie Muster für

- angemessene Glückwünsche für Preise und gewonnene Wettbewerbe (S. 106 f.),
- für kurze Ansprachen anlässlich einer Preisverleihung (S. 108 ff.).

Ausgezeichnet!

Warum gratuliert man zu Preisgewinnen, Auszeichnungen oder beruflichen Qualifikationen wie Doktorwürde oder Habilitation? Ganz einfach: Wer sich im Augenblick des Erfolgs beim Adressaten meldet, hat den passenden Moment erwischt, um sich wieder ins Gedächtnis zu rufen. Denn für Lob und Komplimente ist jeder empfänglich!

Glückwünsche für Karten und kurze Briefe

Beispiele: Berufliche Preise und Auszeichnungen

■ Ich beglückwünsche Sie herzlich zu Ihrer Auszeichnung! Dabei handelt es sich um eine ganz besondere Ehre und wer hätte diese verdient, wenn nicht Sie!

■ Es ist wirklich unbestreitbar, der Egon-Erwin-Kisch-Preis ist eine ganz besondere Auszeichnung. Eine besondere Auszeichnung, die eines ganz besonderen Menschen würdig ist. Ein Mensch, wie Sie es sind, lieber Herr Meier. Das gesamte Team beglückwünscht Sie zu dieser Leistung!

■ Zu dem größten Triumph in deiner bisherigen Laufbahn sende ich dir meine herzlichen Glückwünsche! Ich bin gespannt, welche Siegertreppchen du noch erobern wirst und drücke dir auch weiterhin alle Daumen!

■ Wir wollen einmal ehrlich sein: Das wurde aber auch langsam Zeit! Endlich wurde dein großartiges Talent erkannt und ausgezeichnet und man hat deine jahrelangen Bemühungen angemessen gewürdigt. Herzlichste Glückwünsche zum Erhalt des Bremer Filmpreises! Wir sehen uns in Hollywood!

■ Ich gratuliere Ihnen herzlich zum Gewinn dieses hochrangigen Preises! Ich meine, Sie sollten diese Auszeichnung eigentlich jedes Jahr erhalten. Weiter so!

■ Da dir sicher Tausende von Glückwünschen ins Haus flattern, sage ich einfach nur: „Jól csináltad barátom!" Ich gratuliere dir zum Erhalt des Lessing-Übersetzerpreises für Ungarisch und bin wirklich stolz auf dich!

■ Herzlichste Glückwünsche zu dieser hervorragenden Leistung! Sie haben wieder einmal gezeigt: Mit Fleiß, harter Arbeit und einem starken Willen kann man einfach alles erreichen. Ich gratuliere Ihnen!

Beispiele: Promotion

■ Nun hast du also geschafft, was du dir vorgenommen hast und bist Doktor der Mathematik! Ich persönlich hatte da niemals Zweifel und gratuliere dir von ganzem Herzen zu deinem Erfolg, für den du so intensiv gearbeitet hast! Ich bin stolz auf dich!

■ Wissen ist, wie man sagt, Macht! Ich bin sicher, Sie wissen Ihren neuen Doktorhut dahingehend zu nutzen, dass Sie die Macht Ihres Wissens zum Wohle aller Mitarbeiter unseres Instituts nutzen werden! Dafür danke ich Ihnen schon im Voraus und gratuliere Ihnen ganz herzlich zu Ihrer Promotion.

Beispiele: Privates Glück

■ Meine Gratulation zu deinem Hauptgewinn! Du hast wieder einmal Glück gehabt und ich wünsche dir von Herzen, dass es dich auf deinem Lebensweg auch niemals verlassen möge! Weiter alles Gute, ...

Rede zu einer Preisverleihung

Die Leistungen des Preisträgers sind dem Publikum meistens bereits bekannt. Um Ihre Zuhörer nicht zu langweilen, suchen Sie am besten nach Anekdoten und beschreiben Sie die Leistungen noch einmal mit anderen Worten. Besonders effektiv gelingt dies mithilfe von positiven Bildern und Vergleichen, beispielsweise aus Sport, Geschichte oder Film. Beschreiben Sie den Preisträger doch einmal als „Mittelstürmer". Und bleiben Sie dann in der Fußballsprache: Listen Sie seine Leistungen als „Siegtreffer" auf. Die Tugenden des Preisträgers stellen Sie so ebenfalls originell dar. Kollegialität zum Beispiel können Sie als „gutes Mannschaftsspiel" loben.

Viele Metaphern sind möglich. Der Preisträger kann zum Beispiel folgendermaßen dargestellt werden:

- „treffsicherer Jäger"
- „Kapitän durch alle Stürme"
- „fleißige Biene"
- „edler Ritter"
- „Marathonmann"
- „König seiner Branche"

Beispiel: Bilder aus dem Fußball

■ Lieber Herr Wagner! Wer Sie kennt, der weiß: Neben Ihrer anstrengenden Arbeit in der Forschung sind Sie auch auf dem Fußballplatz noch äußerst fleißig aktiv – als Mittelstürmer bei den „Supersenioren", den Alten Herren „Ü50"! Nun, Herr Wagner, Sie haben für unsere Firma weit über 50 Siegtreffer erzielt. Ihre großartige Leistung in der Produktforschung hat unsere Marktposition in den vergangenen Jahrzehnten verändert – und zwar sehr positiv!
Sie haben für uns sozusagen ein Golden Goal nach dem anderen geschossen. Deswegen ehren wir Sie heute für Ihr Lebenswerk! Und wir danken Ihnen, dass Sie als energischer Torjäger in unseren Reihen dennoch immer Mannschaftsspieler geblieben sind – und oft den Ausputzer für andere gespielt haben. Für Ihre hochkollegiale Art hätten Sie eigentlich ebenfalls einen Preis verdient!

Beispiel: Bilder aus dem Mittelalter

■ Sehr verehrte Damen und Herren! Hochverehrter Herr Preisträger – lieber Herr Müller!
Seit Jahren sind wir gute Freunde. Deshalb darf ich mit Stolz sagen: Lieber Michael. Oder sollte ich lieber sagen: „Sir" Michael? Denn eine Königin adelt dich heute mit ihrem Ritterschlag. Nicht nur eine Redaktions-Königin persönlich, die sehr verehrte Frau Chefredakteurin Monika Meier, sondern mit ihr die absolute Herrscherin, die Marktführerin unter den deutschsprachigen Hotelfachzeitschriften, verleiht dir für deine außergewöhnlichen Dienstleistungen, dein Engagement für deine Gäste und deinen Erfindungsreichtum heute ihre

wichtigste Auszeichnung. „Hotelier des Jahres" – damit wird dir, Michael, die größtmögliche Ehre erwiesen. Dieser Preis ist ein Ritterschlag von höchsten Gnaden!

Beispiel: Wissenschaftliche Auszeichnung

■ Liebe Gäste, denken wir einmal an die Antike zurück, was kommt uns da in den Sinn? Blutige Schlachten? Hölzerne Pferde? Große Philosophen? Also, wenn ich an die Antike denke, dann fällt mir zuerst ein, wie sehr wir heutzutage doch noch von ihr profitieren. Im Bereich Medizin, Mathematik und Linguistik etwa. Immerhin galt Latein ja auch lange Zeit als Sprache der Gelehrten und wurde auch in Teutschland noch eifrig praktiziert. Herr Braun, Sie sprechen gewiss Latein, Sie doctor honoris causa? Für alle Nicht-Römer: Sie Doktor ehrenhalber! Auch Sie sind ein Klassiker! Auch von Ihren großartigen Leistungen können wir und kann unsere Nachwelt nur profitieren. Denn was Sie geschafft haben, ist wirklich erstaunlich. Wir alle, die heute hier sind, danken Ihnen von Herzen für Ihr Engagement und Ihre Selbstlosigkeit im Dienste der Wissenschaft.

Zitate für außergewöhnliche Leistungen

„Das war ein Schuss! Davon wird man noch reden in den spätsten Zeiten."
Friedrich von Schiller (1759–1805), deutscher Dichter

„Bereit sein ist viel, warten zu können ist mehr, doch erst: den rechten Augenblick nützen ist alles."
Arthur Schnitzler (1862–1931), österreichischer Erzähler und Dramatiker

„Das Außerordentliche geschieht nicht auf glattem, gewöhnlichem Wege."
Johann Wolfgang von Goethe (1749–1832)

„Dem Schicksal zur Seite thront der Wille als leitende Macht."
Pythagoras (576–496), griechischer Philosoph und Mathematiker

„Geben, immer wieder geben; man kann nicht verhindern, dass es immer wieder zurückkommt."
Gottlieb Duttweiler (1888–1962), Schweizer Großkaufmann (Migros)

„Ich habe dreißig Jahre gebraucht, um über Nacht berühmt zu werden."
*Harry Belafonte (*1927), amerikanischer Sänger*

„Ich habe niemals an Erfolg geglaubt. Ich habe dafür gearbeitet."
Estée Lauder, amerikanische Kosmetik-Unternehmerin

„Alles Bedeutende im Strom des Lebens ist durch Sieg und Niederlage entstanden."
Oswald Spengler (1880-1936), deutscher Kulturphilosoph

„Siege, aber triumphiere nicht."
Marie von Ebner-Eschenbach (1830–1916), österreichische Schriftstellerin

„Nie ist ein Sieg schöner zu empfinden, als wenn vorher Kampf gewesen und Entwicklung."
Gustav Stresemann (1878–1929), deutscher Staatsmann, 1923 Reichskanzler, 1923–1929 Außenminister, 1926 Friedensnobelpreisträger

„Jeder übermütige Sieger arbeitet an seinem Untergang."
Jean de La Fontaine (1621–1695), französischer Dichter

Kleiner Glückwunsch-Knigge

Hier bekommen Sie Extratipps für Ihren perfekten Glückwunsch. Sie erfahren unter anderem, wie Sie

- die Anrede Ihrer Glückwünsche richtig gestalten (S. 115),
- Fettnäpfchen vermeiden (S. 116),
- passende Zitate finden (S. 119) und
- die richtige Rednerordnung bei Feiern einhalten (S. 120).

Rechtschreibung in Glückwünschen

Es wäre peinlich, wenn sich kleine Fehler in Ihre Glückwunschschreiben einschlichen. Große Unsicherheit und Verwirrung herrschen derzeit um die Frage der Groß- und Kleinschreibung der Anredepronomen *Du/du* und *Sie/Ihnen*, *Euch/euch* und der Possessivpronomen *Deine/deine* und *Ihre/ihre* und *Euer/euer*.

Gemäß Amtlicher Rechtschreibung, § 66, werden die Anredepronomen klein geschrieben: „Ich gratuliere dir zu dieser tollen Frau und hoffe, ihr habt viel Freude miteinander". Seit der Neuregelung vom August 2006 ist die Großschreibung ebenfalls wieder korrekt (§ 66 E): „Ich gratuliere Dir zu dieser tollen Frau und hoffe, Ihr habt viel Freude miteinander".

Die Kleinschreibung ist nach Amtlicher Rechtschreibung aber die Regel, während die Großschreibung, an die viele Menschen sich lange Jahre gewöhnt hatten, schlicht als nicht falsch gilt. Bei den Anredepronomen in der Höflichkeitsform hat sich nichts geändert – Großschreibung ist hier die einzig korrekte Form: „Ich gratuliere Ihnen zu dieser tollen Frau und hoffe, Sie haben viel Freude miteinander."

Ähnliches gilt für Possessivpronomen. Die Regel ist: „Glückwunsch zu *deinem* Jubiläum!" Korrekt ist aber auch: „Glückwunsch zu *Deinem* Jubiläum!" Die Höflichkeitsform muss nach wie vor groß geschrieben werden: „Glückwunsch zu *Ihrem* Jubiläum."

Wenn Ihnen nun jemand sagt: „Aber im Duden steht es anders!“ Dann mag er Recht haben. Nur: Der Duden-Verlag hat seine amtliche Definitionsmacht über die Rechtschreibung im Jahr 1996 verloren. Zudem beherzigt der Duden nicht die Amtliche Rechtschreibung, sondern hat mit zahlreichen Abweichungen von den Regeln eine eigene Rechtschreibung entwickelt, ebenso wie andere Wörterbücher und die meisten Printmedien. Die aktuelle Amtliche Rechtschreibung samt Wörterliste können Sie von der Website des Instituts für Deutsche Sprache kostenlos herunterladen: www.ids-mannheim.de/reform/ Für diesen TaschenGuide haben wir eine einheitliche Lösung gewählt und uns entschieden, alle Pronomen klein zu schreiben, die nach der amtlichen Regelung kleingeschrieben werden.

Die richtige Anrede

Sind Sie mit dem Adressaten per du – dann seien Sie es auch in Ihrer Gratulation! Glückwunschschreiben haben zwar fast automatisch „offiziellen“ Charakter. Aber das ist kein Grund, vom du zum Sie zu wechseln: Wenn Sie das Geburtstagskind seit zwanzig Jahren „Willi“ nennen und in Ihrem Glückwunsch plötzlich mit „Herr Wilhelm Müller“ anreden, machen Sie sich unglaubwürdig. Verwenden Sie in Ihrer Rede die Anrede, die Sie auch sonst verwenden. Das können auch Spitznamen und Kosenamen sein! Dasselbe gilt für den Schluss Ihres Gratulationsschreibens. Wenn Sie einem Kollegen schreiben, der Sie üblicherweise mit „Wolle“ anspricht, weil Sie „Wolfgang" heißen, dann sollte Ihr Glückwunsch auch mit „dein Wolle" enden.

Tabus bei der Themenwahl

Kurze Glückwünsche sind meist unverfänglich. Es ist ja recht klar, was enthalten sein sollte: Die Anrede, der Anlass und die Gratulation, je nach Anlass ein Dankeschön, ein guter Wunsch für die Zukunft und ein Gruß mit Unterschrift.

Brenzlig wird es, wenn Sie ein paar persönliche Worte dazuschreiben. Denn da kann es viele Fettnäpfchen geben, besonders wenn man den Adressaten nicht so gut kennt und Bemerkungen über das Alter, den Gesundheitszustand oder die glückliche Ehe anders verstanden werden könnten als sie gemeint sind. Vorsicht kann also einem Glückwunschschreiben oder auch einer Rede nicht schaden, auch und gerade bei Ironie: Selbst wenn Sie der Meinung sind, dass das Geburtstagskind zum Beispiel den spaßig gemeinten Satz: „Bald klopfst du an die Himmelstür, aber bis dahin wollen wir noch teuflisch gut feiern" versteht, so könnte es ihn doch todernst nehmen.

Seien Sie also vorsichtig. Und immer gilt: Eine Gratulation enthält keine negativen Formulierungen und schon gar keine Kritik, auch wenn die Wirklichkeit vielleicht ganz anders aussieht. Prüfen Sie nach Verfassen Ihres Glückwunschs, ob Ihr Schreiben Ihnen selbst Freude bereiten würde und vermeiden Sie folgende Formulierungen und Themen, die meist geradewegs in mehr oder weniger tiefe Fettnäpfchen führen.

Formulierungen wie „... du darfst stolz sein, dass du dein 80. Lebensjahr trotz gewisser gesundheitlicher Schwierigkeiten erreicht hast ..." treffen zwar bei so manchem älteren Menschen möglicherweise zu, aber in einem Glückwunsch sollte man nicht an eventuelle Krankheiten erinnern. Wünschen Sie *beste* Gesundheit, anstatt von *schlechter* Gesundheit zu reden! Erwähnen Sie Krankheiten nicht, auch wenn sie davon wissen, denn in Glückwünsche gehört nur Positives. Vermeiden Sie ebenso Themen wie Familienstreit, Auseinandersetzungen, berufliche oder private Misserfolge und dergleichen mehr. Kritik an einer Person oder an ihrem Verhalten ist in Glückwünschen tabu und dies gilt insbesondere auch im Beruf, unabhängig von der Position. Selbst wenn nicht alles in bester Ordnung sein sollte: Festtags-Glückwünsche sind nicht das passende Medium, um mitzuteilen, wie unproduktiv der Empfänger des Glückwunschs ist.

In Ihrem Weihnachtsbrief möchten Sie Ihren Mitarbeitern „durch die Blume sagen", wie stark der Krankenstand im nächsten Jahr sinken muss? Sie denken, es wäre effektiv, dies mit den ohnehin fälligen Festtagswünschen für gute Gesundheit zu verbinden? Tun Sie es nicht.

Ironie, Gags und Anspielungen

Gerüchte, Klatsch und Tratsch sind natürlich in der Arbeitswelt beliebt und unterhaltend, doch in Glückwünschen im Berufsleben sollte man jede Anspielung vermeiden. Zum Beispiel: Die ganze Firma weiß, dass der geschiedene Abteilungsleiter seit Jahren eine Affäre mit der Kassiererin hat. Nun feiert er 25jähriges Betriebsjubiläum. Als Vorgesetzter möchten Sie ihm natürlich auch privat alles Gute wünschen und beglückwünschen ihn zu seinen „Erfolgen auch im privaten Bereich". Besser nicht!

Bei privaten Glückwünschen, insbesondere bei Reden zu Geburtstagen, Hochzeiten und Ehejubiläen darf ein wenig Spaß natürlich sein. Trotzdem müssen Sie die Empfänger des Glückwunschcs sehr gut kennen, damit Sie nicht mit Ironie oder Witzen ins Fettnäpfchen treten. Prüfen Sie Ihre Gratulationsschreiben und -reden auf mögliche Zweideutigkeiten, die negativ aufgenommen werden könnten, und entfernen Sie diese.

Passen Sie auf, dass Sie keinen wunden Punkt treffen und niemanden negativ darstellen oder kritisieren. Vor allem mit Wünschen für einen großzügigen Kindersegen oder bei den Glückwünschen zum ersten Kind ist Vorsicht geboten: „Na endlich habt ihr es geschafft – gratuliere!" Wissen Sie sicher, dass die Eltern keine jahrelangen Versuche künstlicher Befruchtung hinter sich haben?

Was gut gemeint ist, kommt noch lange nicht gut an. Entwickeln Sie einfach nach diesem Motto als Gratulant eine höhere Sensibilität und prüfen Sie genau, ob Ihre Texte falsch interpretiert werden könnten.

Wie Sie passende Zitate finden

Ein Zitat passt zum Adressaten, wenn sich der Empfänger damit identifizieren kann, weil er zum Inhalt einen Bezug hat. Denken Sie also bei der Wahl des Zitats über die Vorlieben des Glückwunschempfängers nach und lassen Sie sich bei der Suche von folgenden Gedanken leiten:

- Ist er Fan einer Sportart?
- Liest er gern oder liebt er Theater?
- Beschäftigen ihn Themen wie Politik, Wirtschaft, zwischenmenschliche Beziehungen?
- Was sind seine Lieblingsschriftsteller?
- Hat er Vorbilder aus dem öffentlichen Leben wie z. B. Schauspieler oder Moderatoren?

Also: Schaut der Glückwunschempfänger gern Boxkämpfe, könnten Sie zum Beispiel Max Schmeling oder Henry Maske zitieren. Trinkt der Jubilar gern guten Whiskey oder liebt er Irland? Dann schlagen Sie doch mal bei George Bernard Shaw nach. Oder ist das Burgenland das Lieblingsland des Geburtstagskinds? Dorther stammt die österreichische Dichterin Marie von Ebner-Eschenbach, von der ein reicher Schatz an Zitaten zu finden ist.

Sie finden eine große Auswahl passender Zitate in den beiden Haufe-TaschenGuides „Zitate für Beruf und Karriere" und „Zitate für besondere Anlässe" sowie im Internet unter

- www.zitate.de,
- www.zitate-online.de„
- http://natune.net/zitate/ oder
- www.bibelkraft.de.

Wer spricht wann bei Festen?

Egal, wer spricht: Er spricht am besten erst nach der Suppe oder nach dem ersten Gang. Feste finden meist in Verbindung mit einem Essen statt; lassen Sie als Redner Ihre Zuhörer dann warten, haben Sie ein ungeduldiges, hungriges Publikum! Die Zuhörer sollten etwas im Magen haben, wenn Sie Ihre Rede beginnen, aber auch nicht zu satt sein, sonst werden sie müde und unkonzentriert.

Erster Redner ist dann traditionsgemäß der Gastgeber. Das ist meist der Einladende, kann aber auch der Restaurant- oder Hotelinhaber sein. Bei einer längeren Rednerliste tritt der Gastgeber auch wieder als letzter Redner auf, mit einem Schlusswort. Nur selten ist die Rednerreihenfolge zwischen dem ersten und letzten Auftritt klar geregelt. Bei einer Weihnachtsfeier zum Beispiel redet nach dem Chef als Gastgeber noch der Betriebsrat, an den sich ein Mitarbeiter mit eventuell humorigem Vortrag anschließt. Bei einer Geburtstagsfeier reden nach dem Geburtstagskind als Gastgeber noch Ehepartner, Kind(er) und vielleicht Kollegen, wobei die Abfolge nicht fest definiert ist. Nur bei Hochzeiten gibt es eine traditionelle Regelung:

- Zuerst spricht der Bräutigam als Gastgeber, am besten gemeinsam mit der Braut. Das Brautpaar spricht aber nicht beim Essen, sondern davor: beim Sektempfang oder schon nachmittags bei Kaffee und Kuchen.
- Wenn die Wirtsleute ein paar Worte zur Begrüßung sagen möchten oder ein anwesender Geistlicher ein Tischgebet spricht, dann sprechen sie zum Essen *vor* der Suppe.
- Nun kommt der Redner, der traditioneller Weise der wahre Gastgeber ist: der Brautvater. Deshalb spricht er nach dem ersten Gang beim abendlichen Festessen.
- Nach dem Brautvater spricht der Vater des Bräutigams.
- Danach sprechen Treuzeugen, Freunde und andere Familienmitglieder.
- Das Schlusswort bleibt dem Brautpaar vorbehalten, das sich damit die Gastgeberrolle beim Essen mit dem Brautvater (erster Redner) teilt.

Angemessen kondolieren

Natürlich ist die Beileidsbekundung zum Tod eines geschätzten Menschen etwas ganz anderes als eine Gratulation. Wir haben das Thema trotzdem aufgenommen, weil viele Menschen unsicher sind, welcher Ton bei einer Beileidsbekundung angemessen ist. Ich empfehle Ihnen – und hier ist der Berührungspunkt zwischen Glückwünschen und Kondolenzschreiben: Indem Sie Ihr Schreiben herzlich und individuell formulieren, zeigen Sie, dass Sie Anteil am Leben dessen nehmen, der einen nahe stehenden Menschen verloren hat. Die wichtigste Regel für Kondolenzschreiben lautet deshalb: Auf keinen Fall per E-Mail! Auch wenn fast alles per Mail läuft – sein Beileid sollte man nicht via Internet ausdrücken.

Neben der Anteilnahme ist die wichtigste Aufgabe von Kondolenzschreiben, Trost zu spenden. Inhaltlich sollte das Schreiben deshalb zwei Schwerpunkte haben: Zum einen können Sie den eigenen Schmerz über den Verlust äußern. Ein populärer Irrtum ist, Humor sei in Beileidsbekundungen tabu. Es ist ganz im Gegenteil angebracht und angeraten, positive Eigenschaften des Verstorbenen kurz zu beschreiben. Anekdoten aus gemeinsam verlebten Stunden können den Verlust veranschaulichen. Die zweite wichtige Funktion, Trost, Mut und Zuversicht zu vermitteln, gelingt am besten, wenn das Kondolenzschreiben auch insgesamt nicht zu traurig wirkt. Es sollte also möglichst, nicht ausschließlich eine negative Grundstimmung transportiert werden. Hier finden Sie zwei Beispiele für kurze, aber herzliche Schreiben:

- Ich weiß, die Trauer über den Verlust eines geliebten Menschen ist kaum in Worte zu fassen. Auch ich empfinde tiefen Schmerz. Ich erinnere mich an die schöne Zeit, die ich mit deinem Bruder verbringen durfte. Wie viele Streiche und Verrücktheiten haben wir schon zusammen als Kinder ausgeheckt! Ich habe das Glück, so einen wertvollen Menschen wie ihn kennen gelernt zu haben! In stiller Anteilnahme, ...

- Oftmals denken wir, mit dem Tod sei alles zu Ende und ein geliebter Mensch wäre unwiederbringlich von uns gegangen. Doch deine geliebte Simone lebt in unser aller Erinnerung unsterblich weiter und wir alle werden ihr ansteckendes

Lachen und ihre humorvolle Art niemals vergessen. Mit herzlichem Beileid und Anteilnahme, ...

- Im Namen aller Kollegen spreche ich Ihnen unser tiefes Beileid aus. Für die schwerste Zeit Ihres Lebens wünschen wir Ihnen alle Kraft dieser Welt. Ihr Ehemann wird in unserer Erinnerung für immer weiterleben. Und auch das, was er im Beruf für uns getan hat, wird weiterleben. Wir werden in seinem Sinne weiterarbeiten und sein Lebenswerk fortführen, weil wir wissen, er hätte es so gewollt.
Alle Mitarbeiter der Schmidt GmbH

Stichwortverzeichnis

Bibliografische Information der Deutschen Bibliothek
Die Deutsche Bibliothek verzeichnet diese Publikation in der Deutschen Nationalbibliografie; detaillierte bibliografische Daten sind im Internet über http://dnb.ddb.de abrufbar.

ISBN 978-3-448- 07911-1
Bestell-Nr. 00922-0001

Postanschrift: Postfach, 82142 Planegg
Hausanschrift: Fraunhoferstraße 5, 82152 Planegg
Fon: (0 89) 8 95 17-0, Fax: (0 89) 8 95 17-2 50
E-Mail: online@haufe.de
Internet www.haufe.de
Redaktion: Jürgen Fischer

Gesamtbetreuung: Sylvia Rein, 81379 München
Lektorat: Petra Sparrer, 50733 Köln
Umschlaggestaltung: Simone Kienle, par:two büro für visuelles, 70182 Stuttgart
Umschlagentwurf: Agentur Buttgereit & Heidenreich, 45721 Haltern am See
Druck: freiburger graphische betriebe, 79108 Freiburg

Zur Herstellung der Bücher wird nur alterungsbeständiges Papier verwendet.

Der Autor

Frank Rosenbauer M. A.

hat Soziologie, Psychologie und Angewandte Sprachwissenschaft studiert. Seit 1991 arbeitet er als Journalist und Ghostwriter. Mit seinem Redenschreiber-Netzwerk RedeGold bietet er individuelle Redemanuskripte in sieben Sprachen und für alle Anlässe. Mehrere DAX-Unternehmen und namhafte Führungskräfte zählen zu seinen Kunden, darunter Vorstandsvorsitzende, Hauptgeschäftsführer und Verbandspräsidenten. Daneben hat er einen Lehrauftrag an der Universität Siegen.

Weitere Literatur

„Zitate für Beruf und Karriere", von Gisela Fichtl, 240 Seiten, € 6,90, ISBN 978-3-448-08111-4, Bestell-Nr. 00649-0004

„Zitate für besondere Anlässe", von Gisela Fichtl, 128 Seiten, € 6,60, ISBN 978-3-448-06757-6, Bestell-Nr. 00700-0003

„Rhetorik – live", von Peter Flume, 172 Seiten, mit Hör-CD, € 19,80, ISBN 978-3-448-06812-2, Bestell-Nr. 00318-0001

„Stimmtraining – live", von Anno Lauten, 164 Seiten, mit Hör-CD, € 19,80, ISBN 978-3-448-07279-2, Bestell-Nr. 00304-0001

„Business Etikette", von Jo B. Nolte, 208 Seiten, mit CD-ROM, € 19,80, ISBN 978-3-448-07266-2, Bestell-Nr. 00234-0001

TaschenGuides – Qualität entscheidet

Bereits erschienen:

Der Betrieb in Zahlen

- 400 E Mini-Jobs
- Balanced Scorecard
- Betriebswirtschaftliche Formelsammlung
- Bilanzen lesen
- Buchführung
- Businessplan
- BWL Grundwissen
- Controllinginstrumente
- Deckungsbeitragsrechnung
- Einnahmen-Überschussrechnung
- Finanz- und Liquiditätsplanung
- Die GmbH
- IFRS
- Kaufmännisches Rechnen
- Kennzahlen
- Kleines Lexikon Rechnungswesen
- Kontieren und buchen
- Kostenrechnung
- Kleine mathematische Formelsammlung

Mitarbeiter führen

- Besprechungen
- Führungstechniken
- Die häufigsten Managementfehler
- Management
- Managementbegriffe
- Mitarbeitergespräche
- Moderation
- Motivation
- Projektmanagement
- Spiele für Workshops und Seminare
- Teams führen

Karriere

- Assessment Center
- Existenzgründung
- Ich-AG – mit Gründerzuschuss selbstständig
- Jobsuche und Bewerbung
- Vorstellungsgespräche

Geld und Specials

- Sichere Altersvorsorge
- Bankgespräche richtig führen
- IGeL – Medizinische Zusatzleistungen
- Immobilien erwerben
- Die neue Rechtschreibung
- Zitate für Beruf und Karriere
- Zitate für besondere Anlässe

Persönliche Fähigkeiten

- Allgemeinwissen Schnelltest
- Ihre Ausstrahlung
- Mit Druck richtig umgehen
- Emotionale Intelligenz
- Entscheidungen treffen
- Fitness für Beruf und Karriere
- Gedächtnistraining
- Glück!
- IQ-Tests
- Knigge für Beruf und Karriere
- Knigge fürs Ausland
- Kreativitätstechniken
- Manipulationstechniken
- Mind Mapping
- NLP
- Schneller lesen
- Selbstmanagement
- Sich durchsetzen
- Soft Skills
- Stress ade
- Verhandeln
- Yoga für Beruf und privat
- Zeitmanagement